Step by Step

一看就懂的器械健身图解

器械
健身
实战宝典

成振 编著 80s 摄影

U0722450

人民邮电出版社

北京

图书在版编目（CIP）数据

器械健身实战宝典 / 成振编著；80s摄影. -- 北京：
人民邮电出版社，2015.11（2021.1重印）
ISBN 978-7-115-40107-6

Ⅰ．①器… Ⅱ．①成… ②8… Ⅲ．①健身器械－健身
运动 Ⅳ．①G883

中国版本图书馆CIP数据核字(2015)第176657号

内 容 提 要

本书是专为希望通过器械进行健身的读者所设计的入门级图书，通过专业教练的详细演示，读者可以快速了解器械健身的训练方法与训练技巧，轻松掌握器械健身的相关知识和实际方法。无论是热爱锻炼的入门级练习者，还是经验丰富的资深健身教练，都可以在本书中找到自己想要的知识和训练技法。

◆ 编　著　成　振
　　摄　影　80s
　　责任编辑　孔　希
　　责任印制　周昇亮

◆ 人民邮电出版社出版发行　　北京市丰台区成寿寺路 11 号
　　邮编　100164　　电子邮件　315@ptpress.com.cn
　　网址　http://www.ptpress.com.cn
　　天津图文方嘉印刷有限公司印刷

◆ 开本：700×1000　1/16
　　印张：12.5　　　　　　　2015 年 11 月第 1 版
　　字数：210 千字　　　　　2021 年 1 月天津第 22 次印刷

定价：49.80 元（附光盘）

读者服务热线：(010)81055296　印装质量热线：(010)81055316
反盗版热线：(010)81055315
广告经营许可证：京东市监广登字 20170147 号

◎ 教练介绍

成振，北京明智拓维彩虹城健身馆时尚健身私人教练，拥有超过6000小时的私人教练授课经验，擅长运动康复训练、减脂塑形训练、产后恢复训练以及增肌训练。

◎ 教育背景

毕业于河北省体育学院时尚健身专业。2011年曾跟随中国运动损伤康复专家及中国第一任健美队总教练杨敬民进修学习。

◎ 所获证书

运动营养师，亚洲高级私人体适能教练职业资格证，高级私人教练职业资格证。

本书使用说明

此案例的动作名称

此动作的难易程度

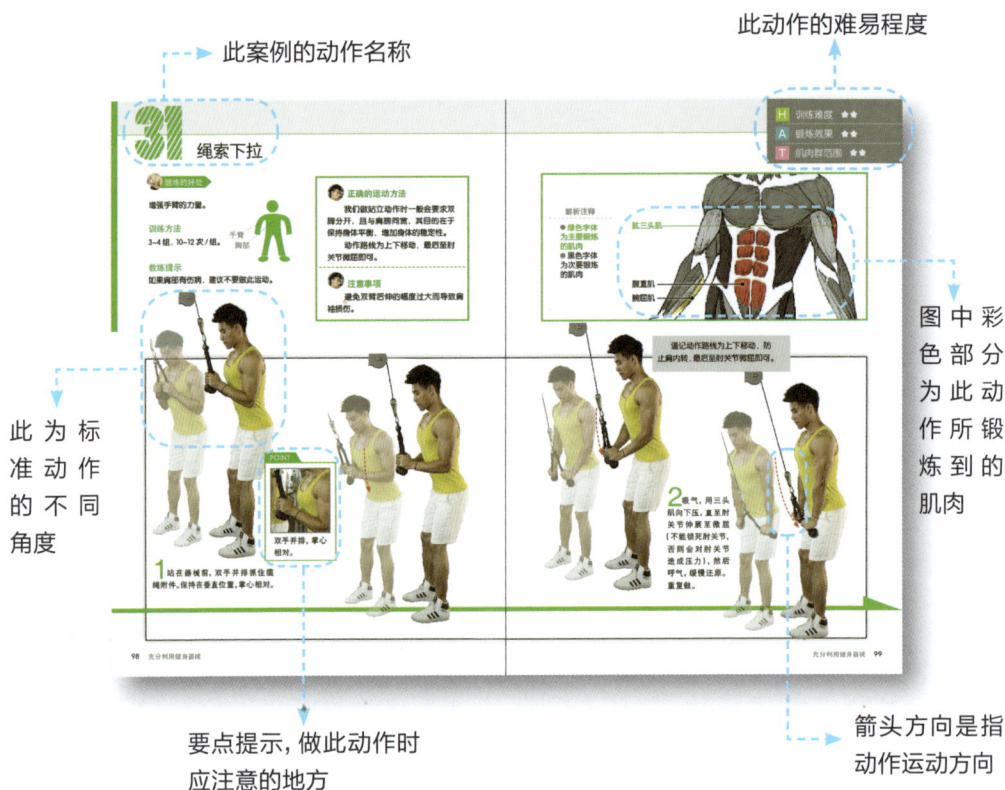

图中彩色部分为此动作所锻炼到的肌肉

此为标准动作的不同角度

要点提示，做此动作时应注意的地方

箭头方向是指动作运动方向

光盘使用说明

本书配套光盘名称

器械健身实战宝典

1适度的热身

2器械健身

播放全部

书中所讲述的动作练习在光盘中有完整动作演示

此处是播放按钮，点击后可观看视频

CONTENTS/ 目录

PART 3 利用器械来健身

PART

1

努力健身只是为了迎接一个崭新的自己

认识器械健身

不是每个人都能练出运动员那样健美的身材，但是，如果不健身，永远都没有这个可能性。

心和身体，至少有一个在路上。

器械健身的优越性

让脂肪燃烧起来——有氧健身

通过长期的有氧运动锻炼,人的心脏会更健康,脉搏输出量会更大,在较少的脉搏跳动次数下,脉搏输出量也能满足身体供氧需求。一个有氧运动素质好的人可以参加较长时间的高强度有氧运动,他(她)的身体机能恢复也快。

常见运动

NO.1 游泳
运动优点:游泳是克服水的阻力而不是克服重力,肌肉和关节不易受损,还能有效保护膝关节;在冷水环境下运动,热量消耗大,再配合节食,属于减肥效果显著的运动。

适宜人群:膝关节受损者,体重严重超标者,减肥者,需增强体质的人群。

运动周期:每周 3~4 次,每次 30~60 分钟。

热量消耗:约 650 千卡 / 小时。

NO.2 慢跑
运动优点:提高睡眠质量——通过跑步,大脑的供血、供氧量可以提升 20%,这样夜晚的睡眠质量也会跟着提高;"通风"作用 —— 在跑步的过程中,肺部的容量平均从 5.8 升上升到 6.2 升,同时,血液中氧气的携带量也会大大增加;保护心脏——心跳、血压和血管壁的弹性也会随着升高;解压——慢跑可以抑制肾上腺素和皮质醇这两种造成紧张的激素分泌,释放让人轻松的物质。

适宜人群:想瘦身者,需缓解压力者,亚健康者,需预防心血管疾病的人群。

运动周期:每周 3~4 次,每次 40~60 分钟。

热量消耗:约 650 千卡 / 小时

NO.3 骑自行车
运动优点:预防大脑老化,提高神经系统的敏感度;提高心肺功能,锻炼下肢肌力和增强全身耐力。骑自行车对内脏器官的耐力锻炼效果与游泳和跑步相同。骑自行车还可以瘦身,是周期性的有氧运动,热量消耗较多,对颈椎病、腰间盘突出等也有很好的康复效果。

适宜人群:膝关节受损者,体重严重超标者,颈椎病和腰间盘突出的人群。

运动周期:每周 3~4 次,每次 40~60 分钟。

热量消耗:约 420 千卡 / 小时。

让肌肉膨胀起来——无氧健身

无氧运动是指肌肉在"缺氧"的状态下进行高速剧烈的运动。无氧运动大部分是负荷强度高、瞬间性强的运动，所以很难长时间持续下去，而且疲劳消除得也比较缓慢。

常见项目

常见的无氧运动项目有：短跑、举重、投掷、跳高、跳远、拔河、俯卧撑、潜水、肌力训练（长时间的肌肉收缩）等。

无氧运动对增加肌肉的耐力和提高肌肉收缩速度方面有着很大的贡献。国外权威医学杂志最新研究显示，有氧训练对增加骨密度效果不大，而属于无氧运动的力量训练对增加骨密度效果更好，能更有效地降低骨质疏松的风险。运动过后，损伤肌肉的修复和乳酸的代谢能消耗脂肪，增大肌肉的比率，增加肌肉新陈代谢率，提高身体免疫力。无氧运动能提高肌肉的收缩速度和力量，有效降低了疾病死亡的风险。日本科学最新研究发现，人的握力每提高 10%，疾病风险就会降低 30%，相比之下，有氧运动在这方面则相形见绌。

注意事项

1. 多运动并不一定就能够减肥。剧烈的无氧运动会消耗肌肉和气血，让体质更容易发胖。所以正确的减肥运动应当是有氧运动，也就是消耗脂肪，而不是无氧运动，因为仅仅依靠加大运动量来减少体重是很难做到的。我们在做大运动量运动时，实际上是在做一种无氧代谢运动，此时肌体处于缺氧状态，是没有动用脂肪的，这种无氧运动主要是依靠分解人体内储存的糖元来进行能量释放。

2. 血糖降低是引起饥饿的重要原因，这也是为什么运动之后往往会感到特别饥饿。短时间内大强度的运动会使血糖水平降低，令人食欲大增，不少人在运动之后会在无意之间吃掉很多平时不敢吃的高热量食品，这样做不利于减肥。

3. 正确的选择应该是做一些超过一小时的有氧运动或者负重运动。负重运动也就是在对抗地球引力的同时进行运动，例如快走、慢跑、滑雪、跳舞、爬楼梯和溜旱冰等。有数据表明，在锻炼强度相同的情况之下，负重运动往往会比游泳、骑自行车这些运动消耗更多的热量，达到更好的减肥效果。

了解肌肉

人体主要肌肉组织图解

在进行肌肉训练之前，首先让我们先了解一下人体肌肉组织的名称和位置，以便我们更有针对性地锻炼肌肉。

斜方肌

上背及中背的表层肌肉，并根据其走向分成上、中、下三部分。

三角肌

俗称虎头肌，位于肩部，呈三角形，分为前、侧、后三束，发达的三角肌是健美的标志之一。

腹直肌

位于腹前壁正中线的两旁，居腹直肌鞘内。

缝匠肌

位于大腿的前内侧，是腿部弯曲时细长的大腿肌肉。

胫骨前肌

位于胫骨的外侧，受腓深神经的支配。

比目鱼肌

腓肠肌下面扁平的小腿肌肉，在胫骨、腓骨上端的后面。

胸锁乳突肌

位于颈部两侧皮下，是颈部浅层最显著的肌肉，关于颈部的运动都需要这块肌肉的参与。

胸大肌

位于上身正面，是胸部最主要的肌肉。

肱二头肌

位于上臂前侧，是证明健壮有力的肌肉之一。

腹外斜肌

位于腹前外侧浅层，是扁阔肌。

股四头肌

覆盖于大腿的前部，人体最有力的肌肉之一，是承担人体重量的主要肌肉。股四头肌是塑造腿部肌肉时必须练习的部位。

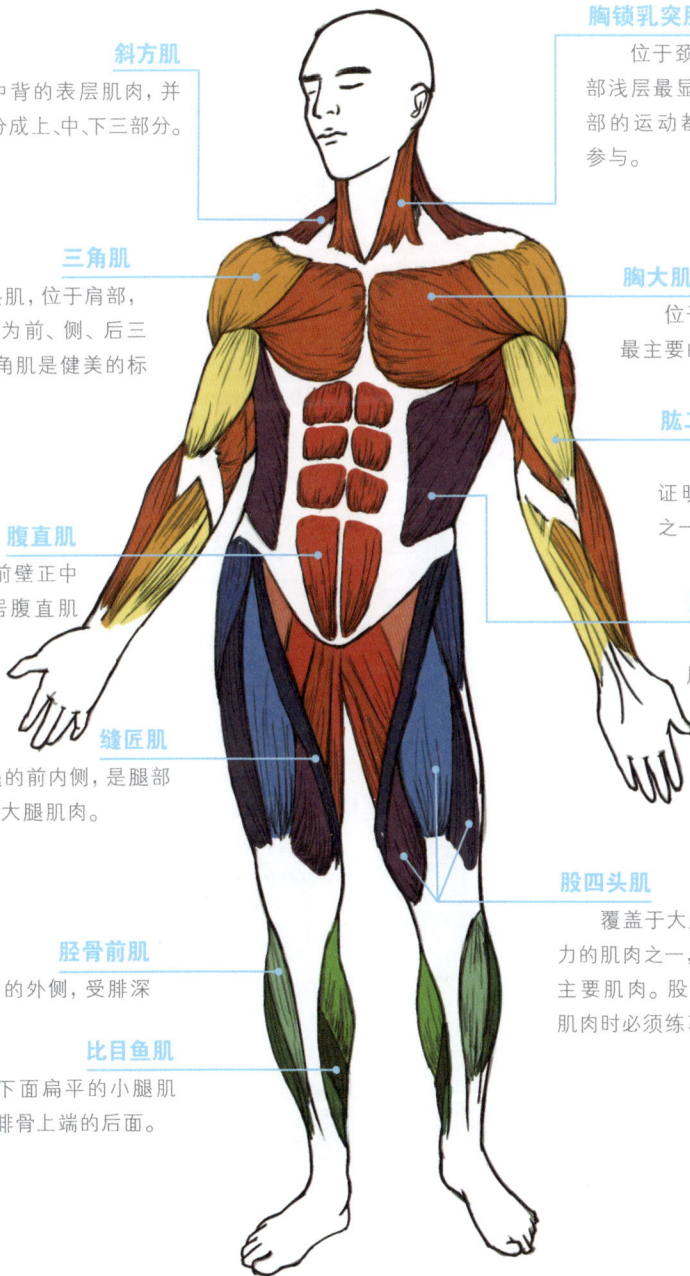

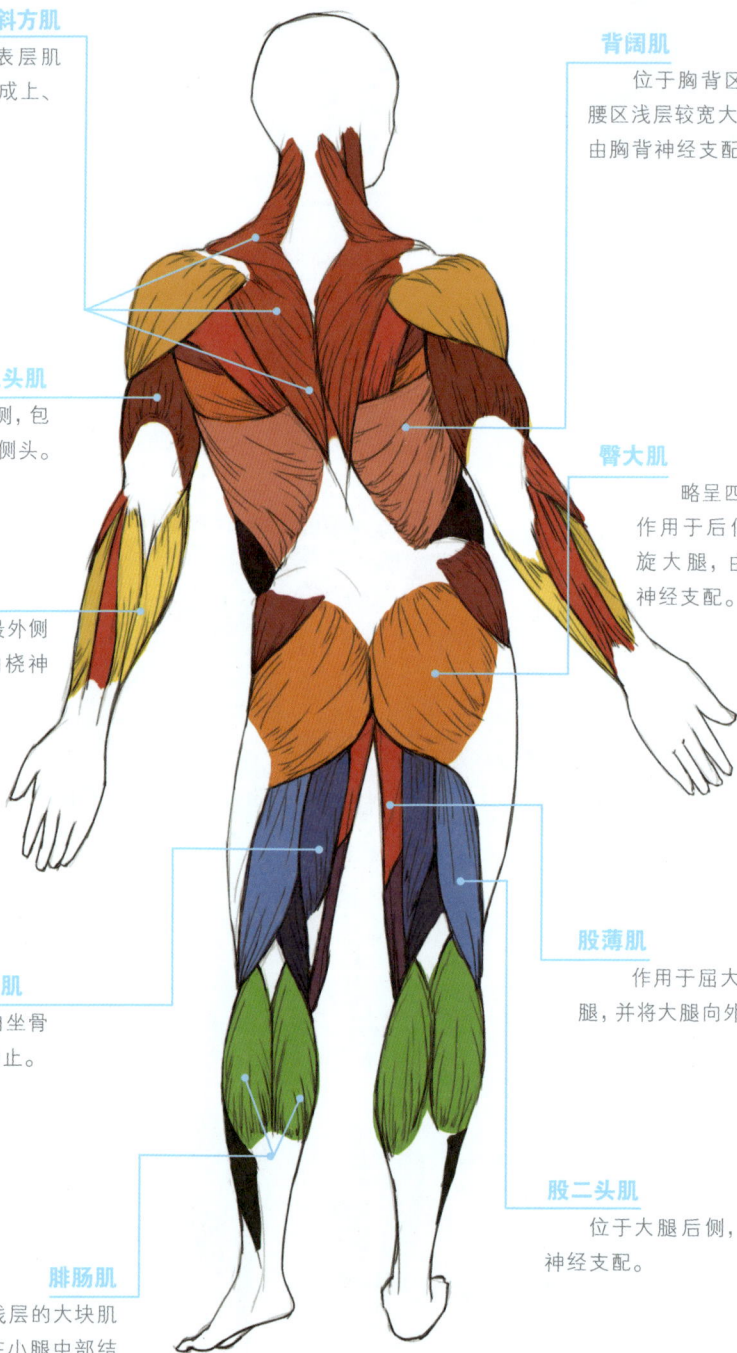

斜方肌

上背及中背的表层肌肉,并根据其走向分成上、中、下三部分。

背阔肌

位于胸背区下部和腰区浅层较宽大的扁肌,由胸背神经支配。

肱三头肌

位于上臂的后侧,包括长头、内侧头和外侧头。

臀大肌

略呈四边形,作用于后伸及外旋大腿,由臀下神经支配。

肱桡肌

位于前臂肌的最外侧皮下,呈长扁形。由桡神经支配。

股薄肌

作用于屈大腿和小腿,并将大腿向外拉。

腘绳肌

大腿后侧肌,自坐骨结节开始,到胫骨为止。

股二头肌

位于大腿后侧,由坐骨神经支配。

腓肠肌

位于小腿后面浅层的大块肌肉,左右两块肌肉在小腿中部结合。腓肠肌的下端形成坚韧的跟腱连接跟骨,对直立行走起到重要作用。

了解肌肉收缩的不同方式

依肌肉收缩时的张力和长度变化，可将肌肉收缩的形式分为三类：缩短收缩、拉长收缩和等长收缩。

缩短收缩

1. 概念：缩短收缩是指肌肉收缩所产生的张力大于外加的阻力时，肌肉缩短，并牵引骨杠杆做相向运动的一种收缩形式。缩短收缩时肌肉起止点靠近，又称向心收缩。

做缩短收缩时，因负荷移动方向和肌肉用力的方向一致，肌肉做正功。

2. 种类：依据整个关节运动范围内肌肉张力与负荷的关系，缩短收缩又可分为等张收缩和等动收缩两种。

(1) 等张收缩：外加阻力恒定，当张力发展到足以克服外加阻力后，张力不再发生变化。但在不同的关节角度时，肌肉收缩产生的张力有所不同。在关节运动的整个范围内，肌肉用力最大的一点称为"顶点"。在此关节角度下，骨杠杆效率最差。

意义：采用非等动收缩发展力量，只有关节力量最弱点得到最大锻炼。

(2) 等动收缩：在整个关节范围内肌肉产生的张力始终与负荷等同，肌肉能以恒定速度或等同的强度收缩。

等动收缩是通过专门的等动负荷器械来实现的。该器械使负荷随关节运动进程得到精确调整，即在关节角度的张力最弱点负荷最小，而在关节角度张力的最强点负荷最大，因此，在整个关节范围内肌肉产生的张力始终与负荷等同，肌肉能以恒定速度或等同的强度收缩。在做最大等动收缩时，肌肉产生的张力在整个关节范围内都是其能力的100%。

意义：采用等动收缩形式发展力量，可使肌肉在整个关节运动范围内都得到最大锻炼。

拉长收缩

1. 概念：当肌肉收缩所产生的张力小于外力时，肌肉积极收缩但被拉长，这种收缩形式被称为拉长收缩。拉长收缩时肌肉起止点逐渐远离，又称离心收缩。

2. 特点：肌肉收缩产生的张力方向与阻力相反，肌肉做负功。

3. 意义：在人体运动中拉长收缩起着制动、减速和克服重力等作用。

等长收缩

1. 概念：当肌肉收缩产生的张力等于外力时，肌肉积极收缩，但长度不变，这种收缩形式被称为等长收缩。

2. 特点：等长收缩时负荷未发生位移，从物理学角度来看，肌肉没有做外功，但仍消耗很多能量。

3. 意义：等长收缩是肌肉静力性工作的基础，在人体运动中对运动环节固定、支持和保持身体某种姿势起重要作用。

了解自己的身体状况

了解自己的体质

为什么别人吃得多也不发胖，而你喝水也长肉？

为什么别人的皮肤光滑无比，而你的皮肤坑坑洼洼总长痘？

为什么别人不怕冷也不怕热，而你穿得很厚还觉得冷？

为什么别人抽烟喝酒还肝肺正常，而你不抽烟不喝酒却是脂肪肝？

这些情况都与体质密切相关。

体质差应该怎么办？体质可以改变吗？答案是肯定的。但是你需要先了解自己的体质。

根据体质合理膳食

中胚层体质（肌肉型）

这是由胚胎中负责肌肉和骨骼的中胚层发育占优势而形成的一种体型,特征为体态挺拔,骨骼强健,肩部和胸部较为伸展；女性的髋部大约与肩同宽,男性会更窄一点。这种体质的人骨骼和肌肉都较为发达,胖起来或瘦下去都非常容易,因此大多数运动对于他们都会奏效,尤其是塑造肌肉的力量练习就更为有效。

外胚层体型（纤瘦型）

这是在胚胎发育过程中外胚层占优势的一种体型。外胚层主要负责形成表皮和神经系统,因此这种体质的人骨架娇小,肩膀窄而四肢纤长,少肌肉且肌力较差,不容易长胖。如果你属于这一体质,那么在以瘦为美的今天,你无疑是很多人羡慕的对象。事实上,T台模特们也多属于这一体质。不过,在众生羡慕的背后,他们或许也有不少烦恼,那就是较难增重,也很难变得强壮,有的人或许还为自己过瘦而担忧。

内胚层体型（易胖型）

这是由胚胎的内胚层占优势发育而成的体型。内胚层主要负责形成消化器官,因此这种体质的人消化系统发达,脂肪沉积丰富,骨架宽大,尤其下半身容易肥胖。和另外两种体质相比,这种体质的人新陈代谢较慢,容易囤积脂肪,要减肥不是那么容易。

男女身高体重比例表

身高 年龄	152cm	156cm	160cm	164cm	168cm	172cm	176cm	180cm	184cm	188cm
19	46	47	49	50	51	58	61	64	67	70
21	46	47	49	50	51	60	62	65	69	72
23	46	47	49	51	54	60	63	66	70	73
25	46	48	49	51	55	60	62	65	69	72
27	47	48	50	52	55	61	64	67	71	74
29	47	49	51	53	56	61	64	67	71	74
31	48	49	51	53	56	62	65	68	72	75
33	48	50	51	53	57	63	65	68	72	75
35	49	50	52	53	57	63	66	69	73	76
37	49	51	53	54	59	63	66	69	73	76
39	50	52	53	55	59	64	66	70	74	77
41	51	52	54	55	59	64	67	70	74	77
43	51	53	55	56	60	63	66	69	73	76
45	51	52	54	55	59	63	66	69	73	76
47	52	53	57	57	60	65	67	71	75	78
49	52	53	56	57	60	63	66	68	73	76
51	52	54	56	57	61	63	66	69	73	76
53	53	54	56	58	61	63	66	69	73	76
55	53	54	56	58	61	63	66	69	73	76
57	53	55	56	58	61	65	67	70	74	77
59	53	55	56	58	61	64	66	69	73	76
61	53	54	56	57	61	64	66	69	73	76
63	52	54	55	57	61	64	66	69	73	76
65	52	54	55	57	61	64	66	69	73	76
67	52	54	55	57	61	64	66	69	73	76
69	52	54	55	57	61	64	66	69	73	76

计量方法

男性：(身高 cm − 80)×70 % = 标准体重
女性：(身高 cm − 70)×60 % = 标准体重
标准体重正负 10 % 为正常体重
标准体重正负 10 % ~ 20 % 为体重过重或过轻
标准体重正负 20 % 以上为肥胖或体重不足
超重计算公式：超重 %=[(实际体重−理想体重)/(理想体重)]×100%

运动伤害及预防

顾名思义，凡是和运动有关而发生的一切伤害都可称之为运动伤害。

<table>
<tr><td>急性运动伤害</td><td>慢性运动伤害</td></tr>
</table>

所谓"急性运动伤害"是指单次内发性或外因性的刺激，使组织器官破坏的现象。就伤害的性质而言，可分为：

a. 肌肉拉伤
b. 韧带扭伤
c. 挫伤（撞伤）
d. 骨折
e. 关节脱臼
f. 开口创伤（擦伤、裂伤、创伤等）

慢性运动伤害是指累积多次微小伤害的身体病态现象。受伤者往往无法肯定伤害是何时何地发生的，但最终因影响到运动表现而被发现。就伤害的性质而言，可分为：

a. 慢性肌腱炎或骨膜肌腱炎
b. 肌腱腱鞘炎
c. 化骨性肌炎
d. 关节炎
e. 滑液囊炎

正确进行运动防护，防止伤害

1. 思想上重视

严格遵循不同运动的运动规律，加强身体各方面的锻炼，全面提高身体的素质。

2. 热身、放松、恢复、营养

（1）运动前应做好充分的准备活动；

（2）运动后应注意放松；

（3）注意自我恢复与运动后补充营养。

3. 了解自己的身体

只有自己最了解自己的身体，明白自己的身体状况，如果发现伤患苗头，应尽早预防。

4. 自我保护、学习

选择安全的运动环境和运动场所，在安全的环境下运动；针对不同的运动选取相应的运动用具和防护装备；学习在不同环境下不同项目的运动知识技能。

5. 注意科学运动

科学运动包括五大要素，即全面性、渐进性、个别性、反复性和意识性，前三个要素对预防损伤较为重要。

全面性是指锻炼者应对体能进行全面的训练，而不是单纯针对某一特定动作进行反复练习。

渐进性是指锻炼者应逐步提高运动负荷和增加锻炼时间，以防肌体一时不能适应高强度而导致运动损伤。

个别性是指锻炼必须因人而异。性别、年龄、体力、技术熟练程度不同，活动量和方法也应不同。

反复性是指运动往往要经过由感性认识到理性认识、再由理性认识到实践的多次反复才能完成。

意识性是指对运动理解的程度，以及运动中的心理素质等。

第一次走进健身房

走进健身房

健身房不仅仅是运动达人的天堂，
也是运动小白们的乐园。

凡事都有第一次，勇敢迈出第一步吧！

健身装备的选择

男士在健身装备的选择上很有讲究。为什么呢？大家都知道男士喜欢体面，如果有一个能展示健壮身体的机会，那自然是要全副武装上阵。所以，选择一套拉风又实用的健身装备就显得十分必要。

负重腰带：有效保护腰椎

负重腰带被认为是最重要的健身装备之一。负重腰带不仅能够加强力量，也能为你提供必要的保护，防止运动损伤的发生，特别是对腰椎起到保护作用。

使用时机：只有进行大重量训练时才使用它。尤其是那些将重量直接施加在脊柱上的训练，如深蹲、卧推和俯身划船等。

MP3 播放器：让你多做两次肩部训练

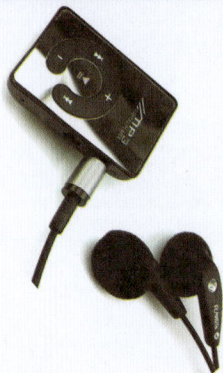

运动时听你喜欢的音乐能够提高运动的兴奋点。

使用时机：一进入换衣间就让兴奋的音乐充满大脑。在准备开始进入训练的常规过程中，你的身体会释放肾上腺皮质激素和睾丸激素，听着令人激动的音乐能够加速这一释放的进程。在每组训练时都听着音乐，尤其在你身边有一个口若悬河的训练伙伴时，有必要让耳机始终待在你的耳朵里，免得那些无所事事的健身者找你聊天，从而降低你的训练强度。

护膝：保护关节，帮助完成深蹲

进行深蹲训练时，这些有弹力的绷带可以给膝关节提供支持。除此之外，护膝的弹力还会让你深蹲时负载更大的重量。

使用时机：同负重腰带一样，护膝是进行大重量训练时的必要装备。当你深蹲到底时，护膝能提供弹性能量。护膝实际上能够减少臀大肌、股二头肌和股四头肌外侧（股外侧肌）的参与程度，使这些肌肉在动作的底端部分时被调动起来。有了护膝，你可以进行比平时负荷更重的深蹲训练，它们能够帮助你增加深蹲上半程动作时腿部肌肉的活性，比如股内侧肌和股直肌的活动。

负重握力带：增加肌肉活力

负重握力带带能够帮助你增加握力，以完成更多的重复次数；还能够将你的双手从器械中解脱出来，让你将更多的注意力集中在被训练的肌肉上。

认识常用的健身器械

机械引体向上辅助器

器械讲解对应页码：P062

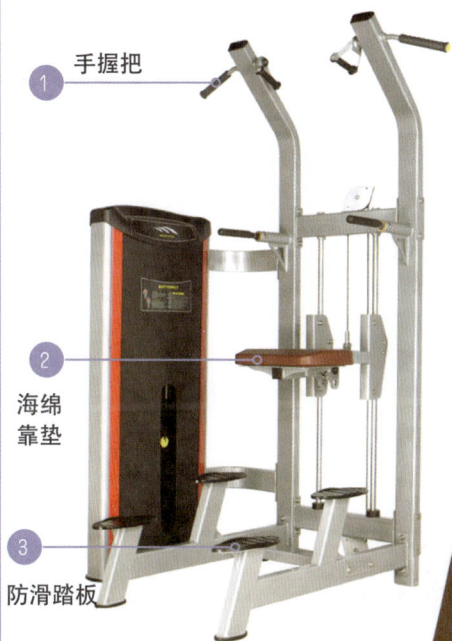

1 手握把

主要锻炼部位

背阔肌、腹肌、腹斜肌、竖脊肌

次要锻炼部位

髋外展肌、髋部屈肌

2

海绵靠垫

罗马椅

器械讲解对应页码：P130

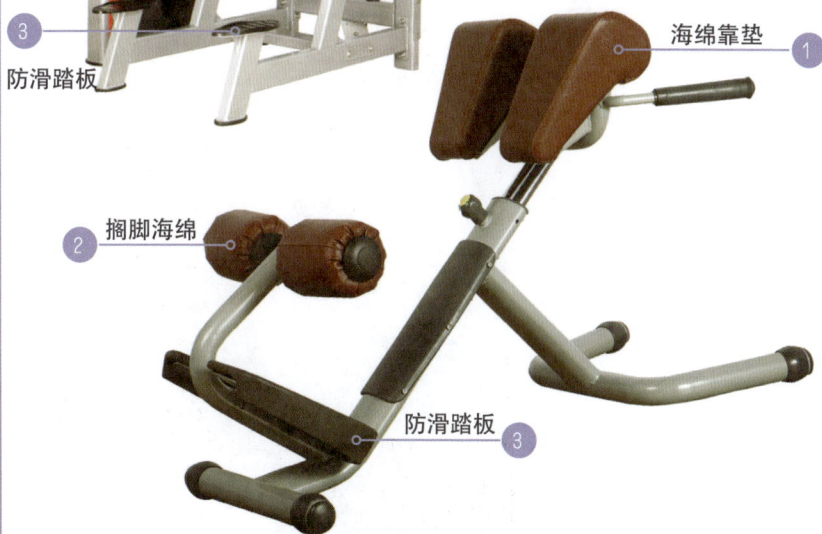

海绵靠垫 1

3

防滑踏板

2 搁脚海绵

防滑踏板 3

主要锻炼部位 臀大肌、腹肌、腹斜肌、竖脊肌

次要锻炼部位 髋外展肌、髋部屈肌

俯卧屈腿训练机

器械讲解对应页码: P172

| 主要锻炼部位 | 臀大肌、股二头肌、竖脊肌 |
| 次要锻炼部位 | 髋外展肌、髋部屈肌 |

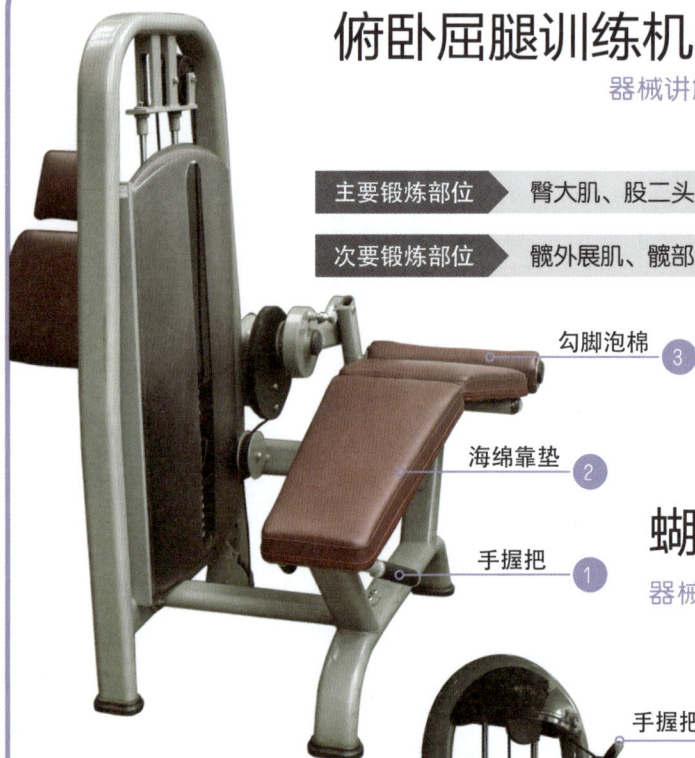

勾脚泡棉 ③

海绵靠垫 ②

蝴蝶机

器械讲解对应页码: P038

手握把 ①

手握把 ①

搁臂海绵 ②

海绵靠垫 ③

主要锻炼部位

三角肌、胸大肌

次要锻炼部位

肱二头肌

防滑踏板 ④

坐姿划船训练机

器械讲解对应页码: P086

主要锻炼部位

臀大肌、腹肌、腹斜肌、竖脊肌

次要锻炼部位

髋外展肌、髋部屈肌

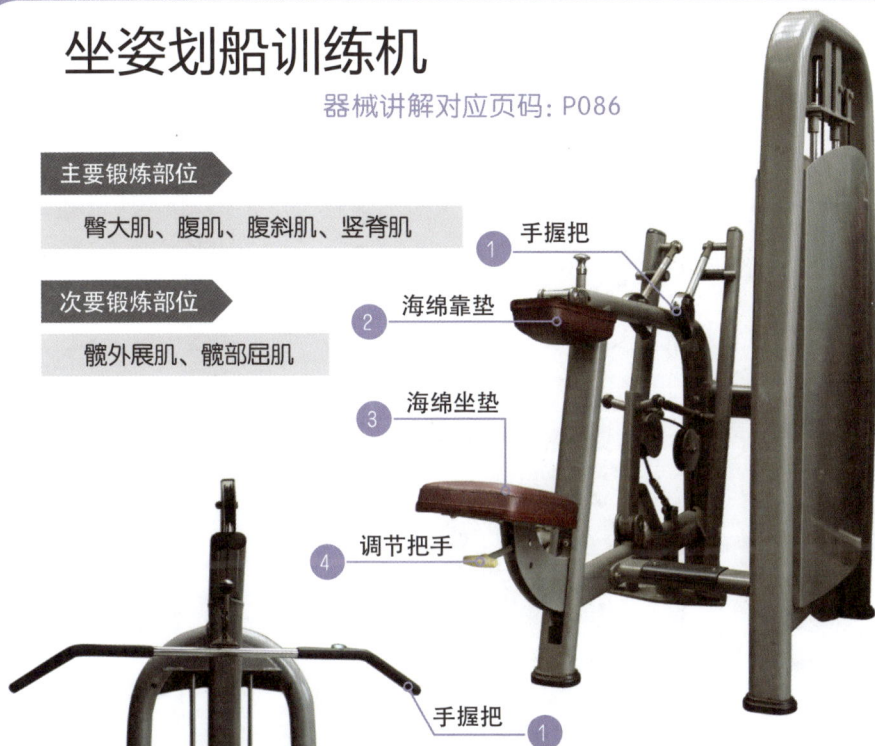

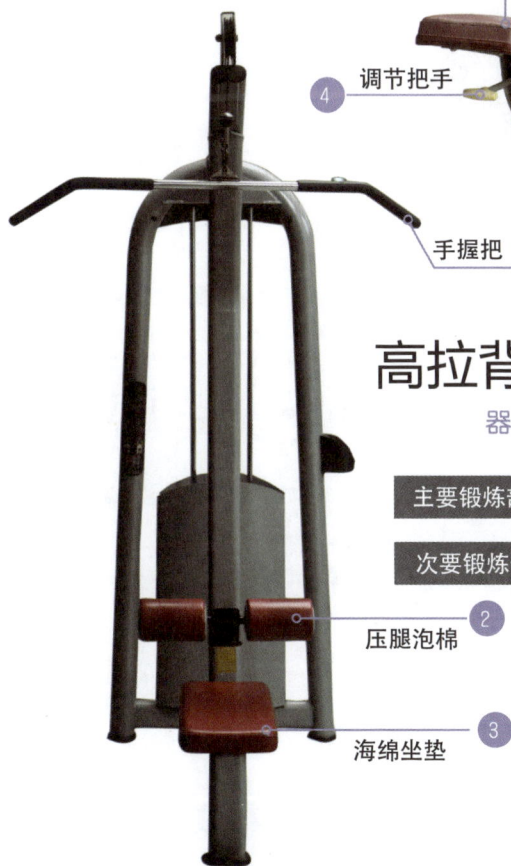

1 手握把

2 海绵靠垫

3 海绵坐垫

4 调节把手

1 手握把

高拉背训练器

器械讲解对应页码: P046

主要锻炼部位 ▶ 三角肌、肱二头肌、背阔肌

次要锻炼部位 ▶ 髋外展肌、髋部屈肌

2 压腿泡棉

3 海绵坐垫

史密斯机单臂划船

器械讲解对应页码: P056

主要锻炼部位 ▶

斜方肌中部、下菱形肌、背阔肌、三角肌后部

次要锻炼部位 ▶

髋外展肌、髋部屈肌

史密斯机上斜卧推

器械讲解对应页码: P058

杠铃 ①

① 杠铃

② 防滑哑铃杆

③ 海绵靠垫

主要锻炼部位

胸大肌、肱三头肌

次要锻炼部位

髋外展肌、髋部屈肌

引体向上器 器械讲解对应页码: P066

① 手握把

主要锻炼部位	背阔肌、腹肌、竖脊肌

次要锻炼部位	肱二头肌

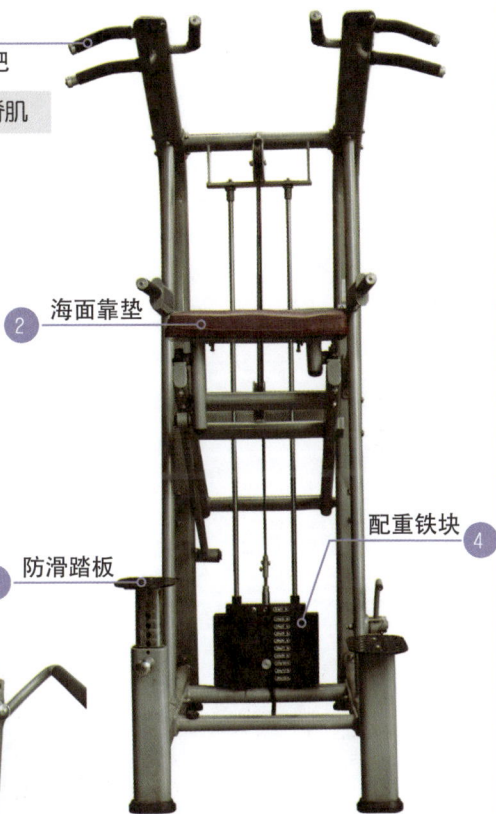

② 海面靠垫

④ 配重铁块

髋臀部训练机

器械讲解对应页码: P154

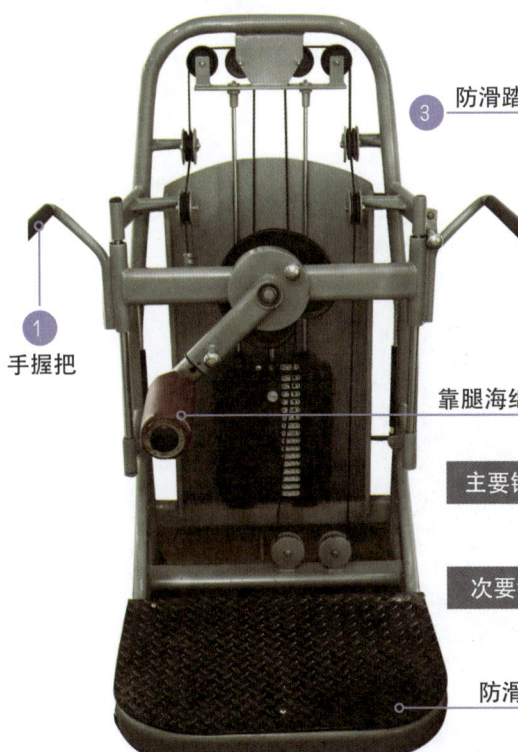

③ 防滑踏板

① 手握把

② 靠腿海绵

主要锻炼部位	臀大肌、腹肌、腹斜肌、竖脊肌、股二头肌、股四头肌

次要锻炼部位	髋外展肌、髋部屈肌

③ 防滑踏板

低拉训练器

器械讲解对应页码: P086

主要锻炼部位	前臂屈肌、肱二头肌、背阔肌
次要锻炼部位	肱三头肌、斜方肌

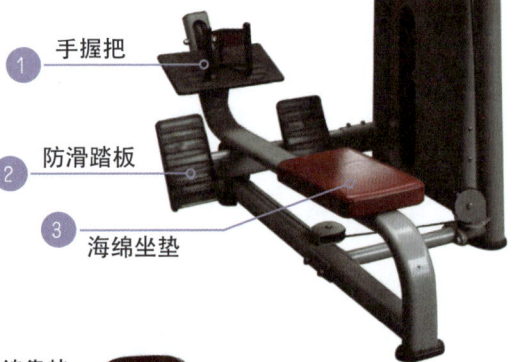

1 手握把

2 防滑踏板

3 海绵坐垫

肩部推举器

1 海绵靠垫

2 手握把

3 海绵坐垫

4 防滑踏板

主要锻炼部位	
三角肌、肱三头肌	
次要锻炼部位	
髋外展肌、髋部屈肌	

器械讲解对应页码: P114

腿部推蹬训练机

器械讲解对应页码: P160

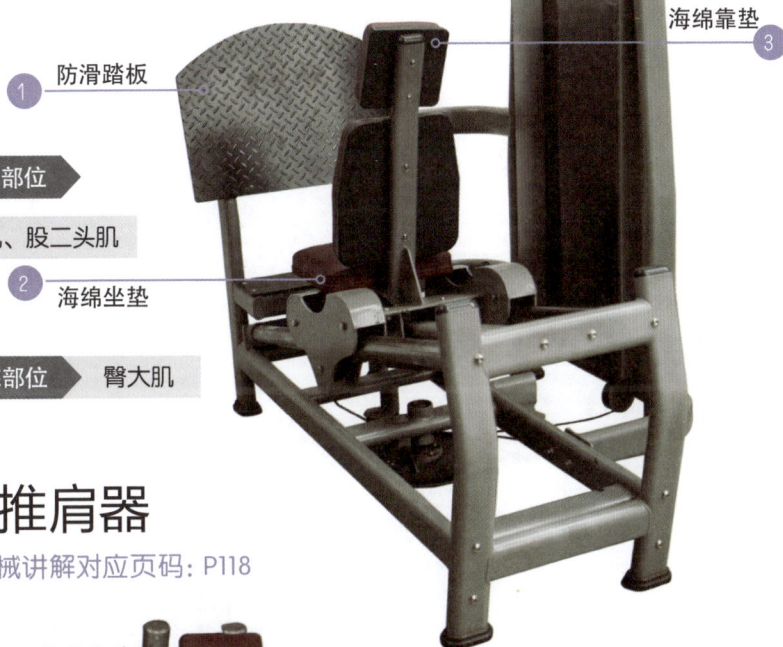

1 防滑踏板

3 海绵靠垫

主要锻炼部位

股四头肌、股二头肌

2 海绵坐垫

次要锻炼部位　臀大肌

坐姿推肩器

器械讲解对应页码: P118

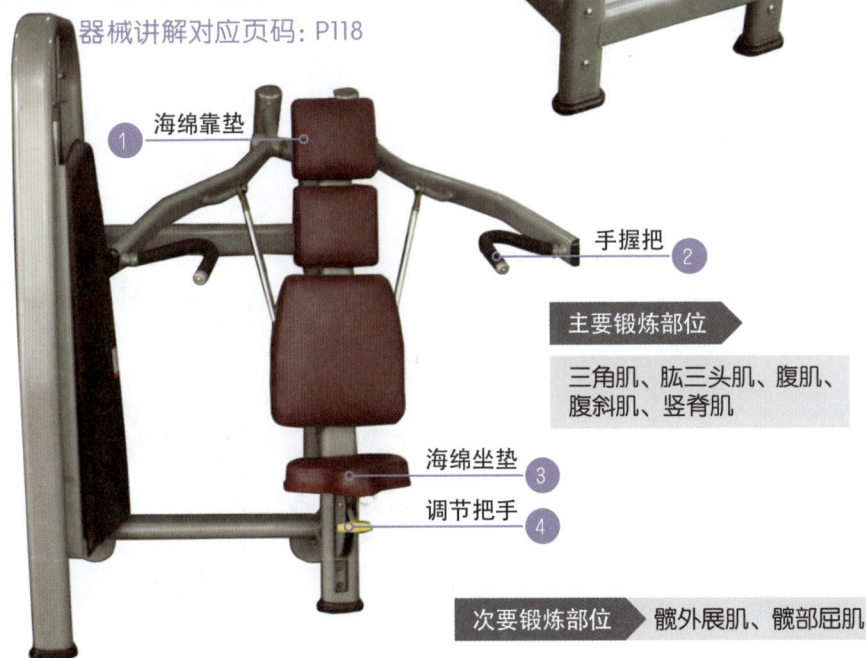

1 海绵靠垫

手握把 2

主要锻炼部位

三角肌、肱三头肌、腹肌、腹斜肌、竖脊肌

海绵坐垫 3

调节把手 4

次要锻炼部位　髋外展肌、髋部屈肌

腿部伸展训练机

器械讲解对应页码: P162

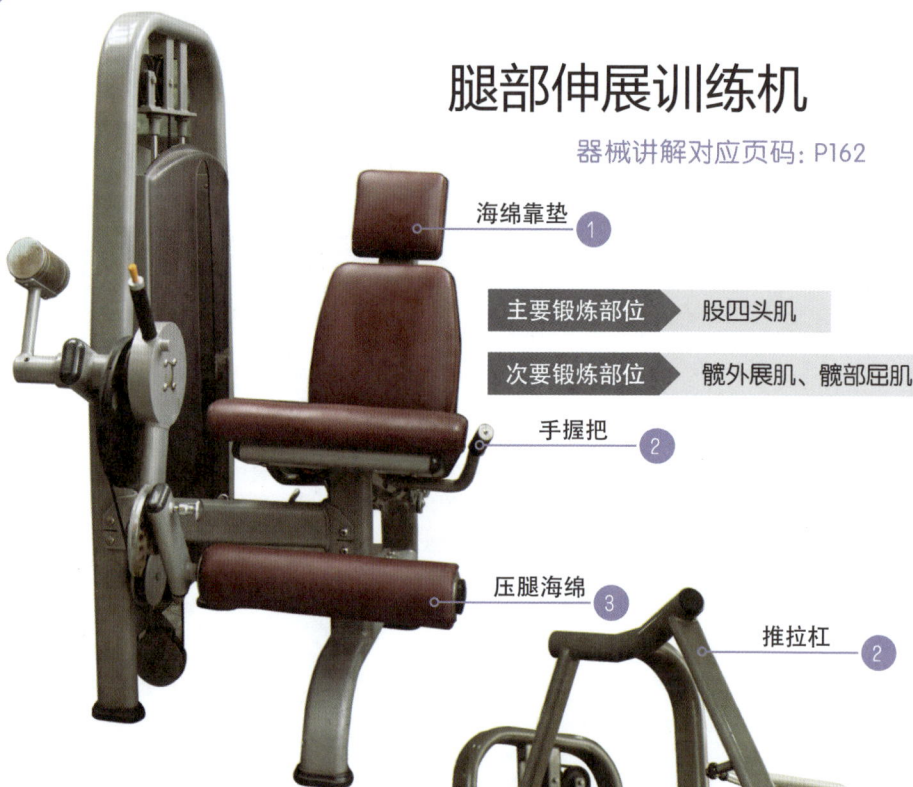

海绵靠垫 ①

| 主要锻炼部位 | 股四头肌 |
| 次要锻炼部位 | 髋外展肌、髋部屈肌 |

手握把 ②

压腿海绵 ③

推拉杠 ②

坐式推胸训练机

器械讲解对应页码: P092

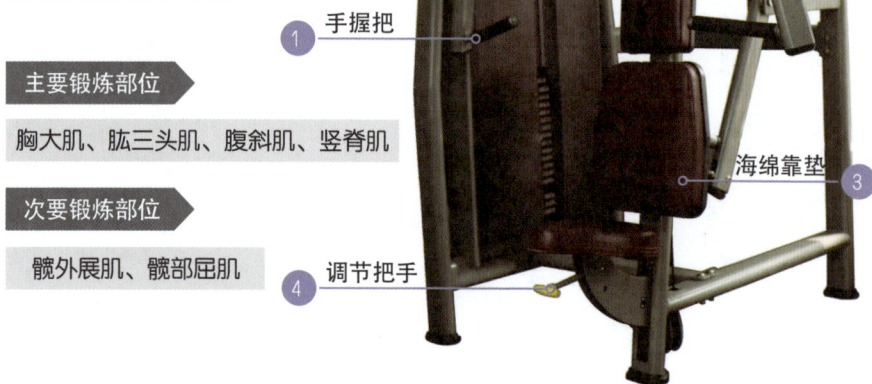

① 手握把

主要锻炼部位

胸大肌、肱三头肌、腹斜肌、竖脊肌

次要锻炼部位

髋外展肌、髋部屈肌

海绵靠垫 ③

④ 调节把手

坐姿卧推机

器械讲解对应页码：P088

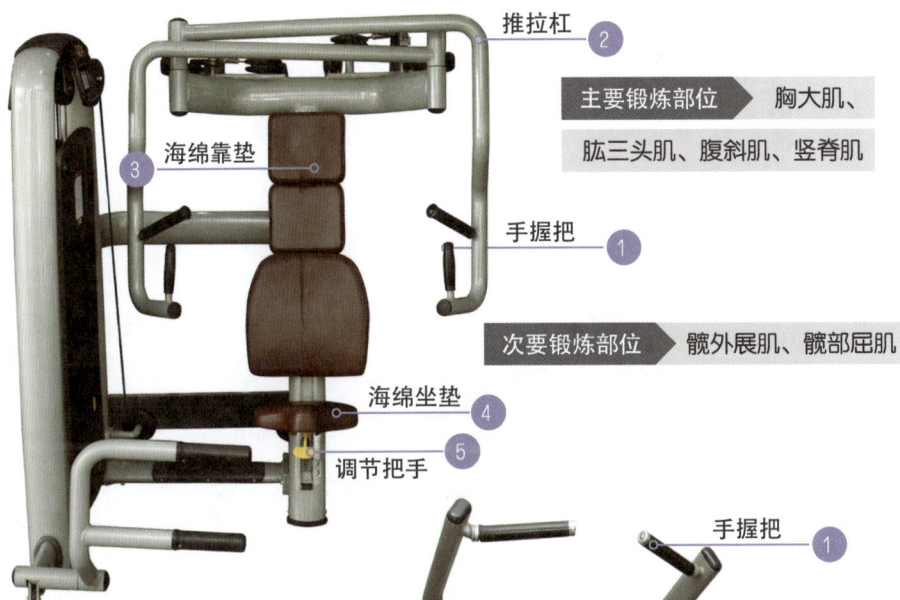

推拉杠 2

海绵靠垫 3

手握把 1

| 主要锻炼部位 | 胸大肌、肱三头肌、腹斜肌、竖脊肌 |

| 次要锻炼部位 | 髋外展肌、髋部屈肌 |

海绵坐垫 4

调节把手 5

坐姿下拉训练机

器械讲解对应页码：P112

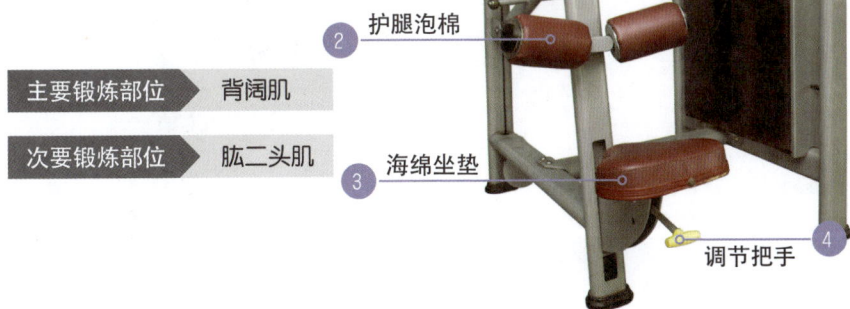

手握把 1

护腿泡棉 2

| 主要锻炼部位 | 背阔肌 |

| 次要锻炼部位 | 肱二头肌 |

海绵坐垫 3

调节把手 4

① 小音箱
触摸屏 ③
② 左扶手
右扶手 ⑤
安全锁
④

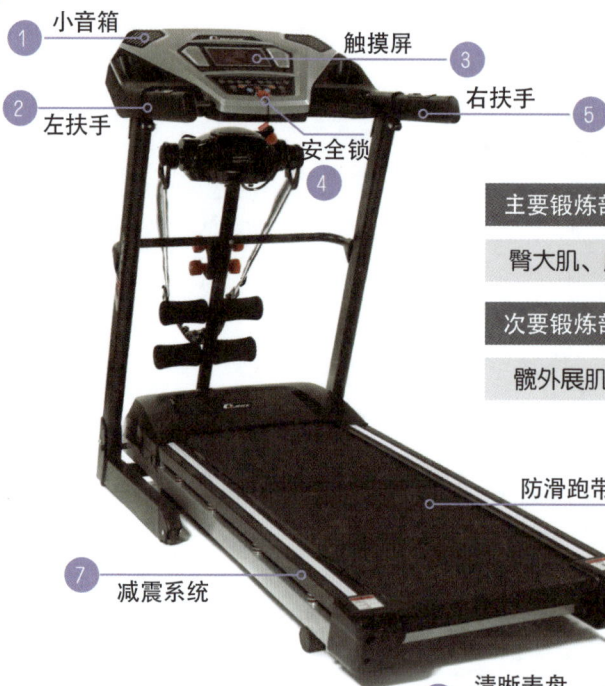

器械讲解对应页码: P184

跑步机

主要锻炼部位

臀大肌、腹肌、腹斜肌、竖脊肌

次要锻炼部位

髋外展肌、髋部屈肌

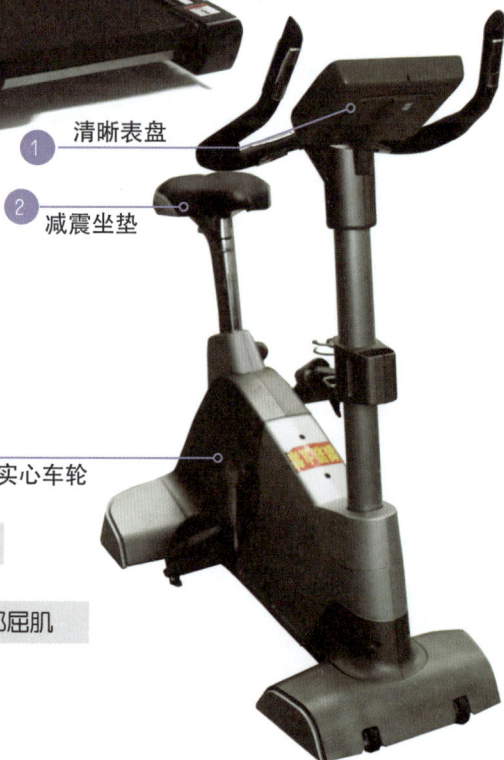

防滑跑带 ⑥

⑦ 减震系统

清晰表盘 ①

② 减震坐垫

立式自行车

器械讲解对应页码: P173

实心车轮 ③

主要锻炼部位

臀大肌、腹肌、腹斜肌、竖脊肌

次要锻炼部位   髋外展肌、髋部屈肌

扩胸夹胸训练机

器械讲解对应页码: P084

1 手握把

主要锻炼部位 ▶ 三角肌、胸大肌

次要锻炼部位 ▶ 肱二头肌

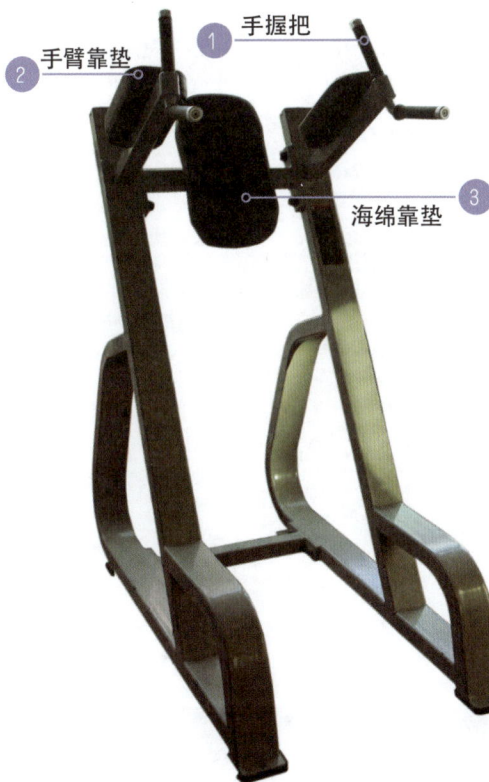

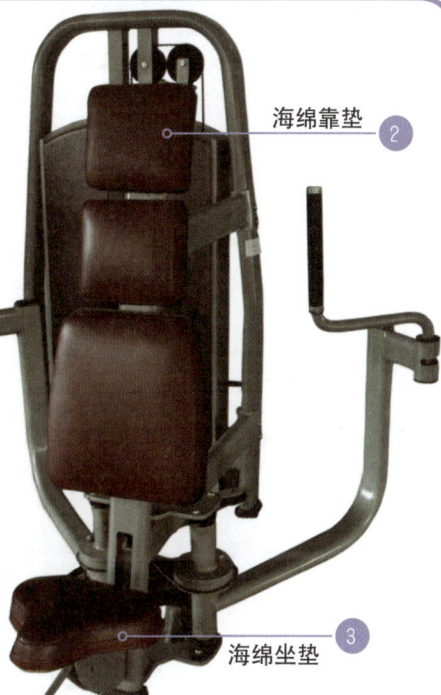

2 海绵靠垫

3 海绵坐垫

1 手握把

2 手臂靠垫

3 海绵靠垫

悬垂器

器械讲解对应页码: P164

主要锻炼部位 ▶

臀大肌、腹肌、腹斜肌、竖脊肌

次要锻炼部位 ▶

髋外展肌、髋部屈肌

划分部位，运动更有针对性

利用器械来健身

充分利用健身房的器械，来打造自己完美的身材。

流足够多的汗，才能获得足够多的掌声。

适度的热身

在使用器械健身之前,适度的热身是必要的。手腕、肩部、手臂、脚腕、胸背,都要进行活动、拉伸,避免因肌肉僵硬而受伤。

手腕活动

肩部热身

手臂活动

脚腕活动

胸背热身

循环运动

手腕运动

主要锻炼部位	双手手腕
锻炼次数	10~12次/组

训练方法

1. 双腿分开与肩同宽，保持与地面垂直的站立姿势。弯曲双手的手肘，将两手靠近肩部下方。

2. 手腕按照顺时针及逆时针方向各旋转10次。

脚腕运动

主要锻炼部位	脚腕
锻炼次数	10~12次/组

动作要点

身体直立面向前方，双手放于身体两侧叉腰，慢慢抬起一只脚的后脚跟，使脚尖点地，然后再放下，换一只脚重复以上动作。

胸、肩、背运动

主要锻炼部位	肩关节
锻炼次数	10~12次／组
主要动作	内、外两侧画圈

动作要点

　　直立，双腿分开与肩同宽，手臂自然下垂，腹部用力收紧，双臂利用肩背肌群力量向后环绕10次，再向前环绕10次。单臂左右交替向后环绕、向前环绕各10次。

肘关节运动

主要锻炼部位	肘关节
锻炼次数	10~12 次 / 组

动作要点

身体向右侧直站，左手握拳，拳心向内，手臂屈肘呈90度夹角，右臂弯曲，右手掐住左臂屈肘处，肘关节用力带动小臂向拳心方向伸展。

胸背热身

主要锻炼部位	胸背
锻炼次数	10~12 次 / 组

动作要点

面对柱子边缘站立，屈肘，将手放于柱子上。呼气，从固定臂处往前压。压臂时身体姿势保持不变，手臂不能脱离柱子。

弹跳运动

主要锻炼部位	大腿、腰部
锻炼次数	10~12次/组

动作要点

　　弹跳力是全身力量、跑动速度、反应速度、身体协调性、柔韧性、灵活性的综合体现。狭义的弹跳力指篮球、跳水运动员在起跳状态下两腿做蹬伸动作与躯干和两臂配合所爆发的一种力量，它使运动员的身体向上运动。

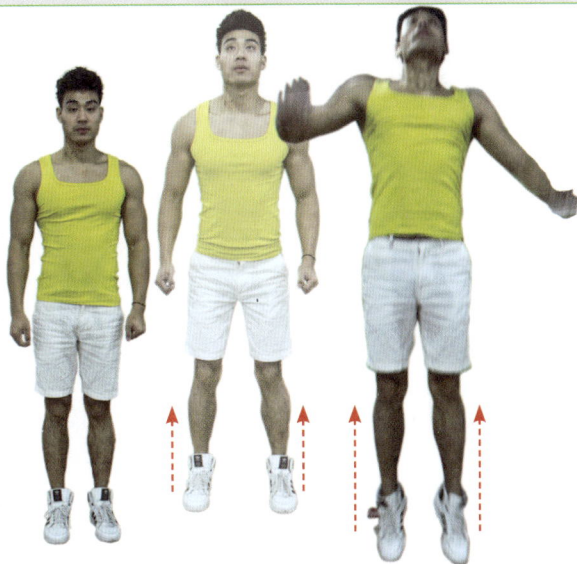

颈、肩运动

主要锻炼部位	手臂	锻炼次数	10~12次/组

动作要点

　　身体直立面向前方，两臂张开伸平，和身体形成十字形，两手心慢慢地转动，使手心向上。两臂不能弯曲，头部先朝向一侧，保持几秒钟，然后换个方向重复此动作。在做这个动作的时候不要勉强，防止发生不必要的伤害。同理其他运动也一样要注意这个问题。

腰、腹运动

主要锻炼部位	腰部
锻炼次数	10~12 次 / 组

动作要点

准备动作时，两腿张开，两臂垂直自然向下，腰部弯曲。分别按顺时针和逆时针两个方向画圈旋转上身，旋转一圈之后，回到起始位置。整个过程，量力而行，不要用力过度。

膝盖运动

主要锻炼部位	膝盖
锻炼次数	10~12 次 / 组

动作要点

两腿并拢稍弯曲，两手放在膝盖上。先把膝盖转向一侧，由这一侧慢慢地蜷腿向另一侧转动。整个过程，量力而行，不要用力过度。

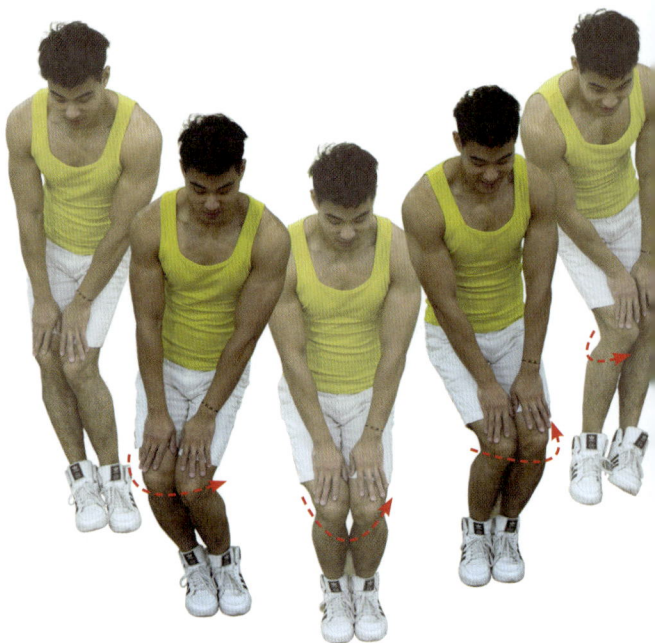

器械健身

利用器械进行健身，不但可以科学地锻炼身体的肌肉群，塑造完美形体；还可以提高身体素质，为人们带来健康的体魄。

01 蝴蝶机夹胸

锻炼的好处

增强肩部和胸部的力量。

训练方法

3~5组，8~15次/组。

肩部

胸部

教练提示

如果肩部有伤病，建议不要做此运动。

正确的运动方法

　　一定要挺直身体，不借助外力，内夹时要用胸大肌发力，放松还原时要和缓。

　　坐凳高度要合适，如果手把位置过高，锻炼肩三角肌会多一些。

注意事项

　　肘关节保持向后和外侧，而不是向上。

1 坐于凳上，手握把手，肘弯抵住挡板。如觉得位置偏高或偏低，可调节坐凳的高度。动作幅度可通过上面两侧半月形板的孔位进行调节。

POINT

　　合拢时双肘挡板应相触，并略作停顿。

2 尽可能使胸大肌收缩，双臂发力使手肘尽量向内侧靠拢，维持朝着胸前推动的感觉，直至胸大肌处于"顶峰收缩"。

停顿

时间：2~3秒

解析注释

● 绿色字体为主要锻炼的肌肉
● 黑色字体为次要锻炼的肌肉

三角肌

胸大肌

腹直肌

4 训练完成，如果想更好地刺激上胸缝，不妨变换一下握把方式。

上身一定要保持挺直，不要借助外力去发力。

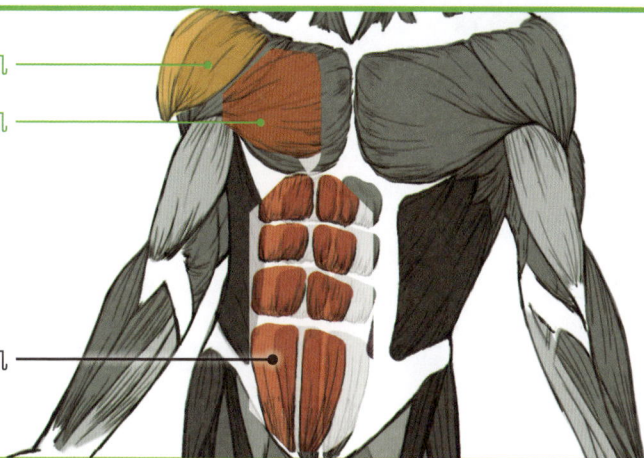

3 稍停，双臂的手肘与地面保持水平，充分挤压胸大肌，然后再慢慢地舒展手臂回到初始姿势。

02 划船机背阔肌后拉

锻炼的好处

增强肩部和背部的力量。

训练方法

3~4 组，10~12 次 / 组。

肩部
胸部

教练提示

如果肩部有伤病，建议不要做此运动。

正确的运动方法

用肘部和肩膀向后拉。
返回时手臂稍微弯曲保持紧张。

注意事项

避免上半身向后倾斜。

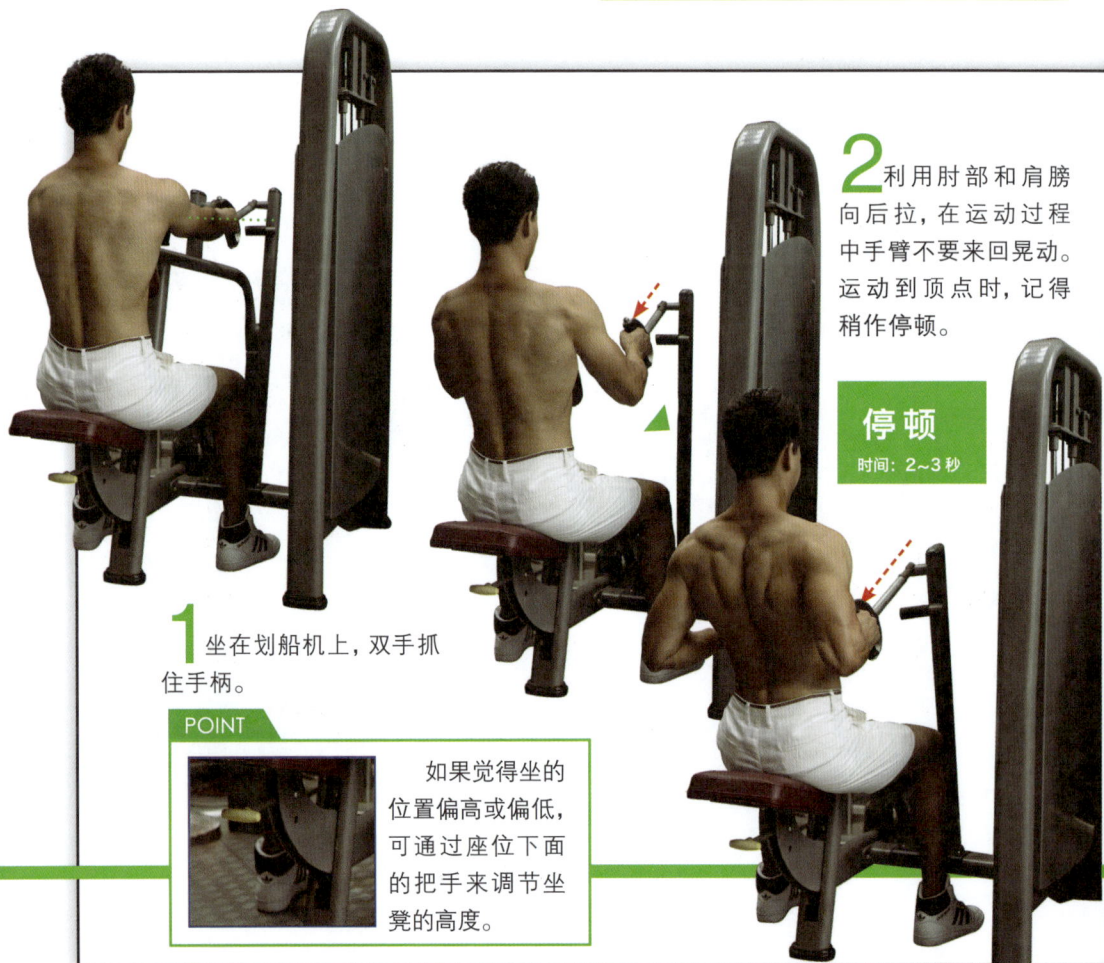

2 利用肘部和肩膀向后拉，在运动过程中手臂不要来回晃动。运动到顶点时，记得稍作停顿。

停顿
时间：2~3 秒

1 坐在划船机上，双手抓住手柄。

POINT

如果觉得坐的位置偏高或偏低，可通过座位下面的把手来调节坐凳的高度。

斜方肌

三角肌

肱三头肌

背阔肌

肱桡肌

解析注释

● 绿色字体为主要锻炼的肌肉
● 黑色字体为次要锻炼的肌肉

4 返回,保持手臂稍微弯曲,保持紧张。慢慢地回位,让处于紧绷的身体放松下来。锻炼完成。

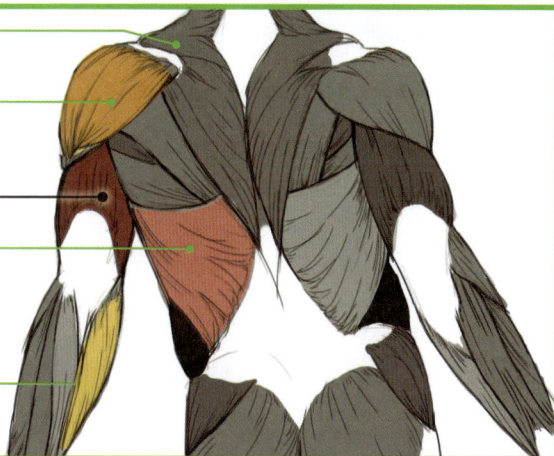

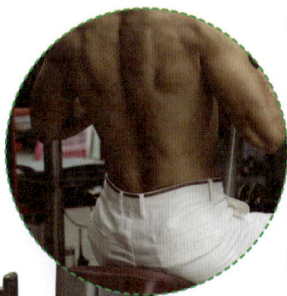

记得在顶峰收缩时努力向一起挤压肩胛骨,以让它获得最大化的刺激。

3 向后拉的时候身体不要随之后倾。

03 拉力器反握下拉

锻炼的好处

增强手臂和胸部的力量。

训练方法
3~4组，10~12次/组。

手臂

教练提示
如果肩部有伤病，建议不要做此运动。

正确的运动方法
如图反握，面朝前方。

下拉时，注意不要过度使用手臂力量。

注意事项
还原时避免臀部离开坐垫。

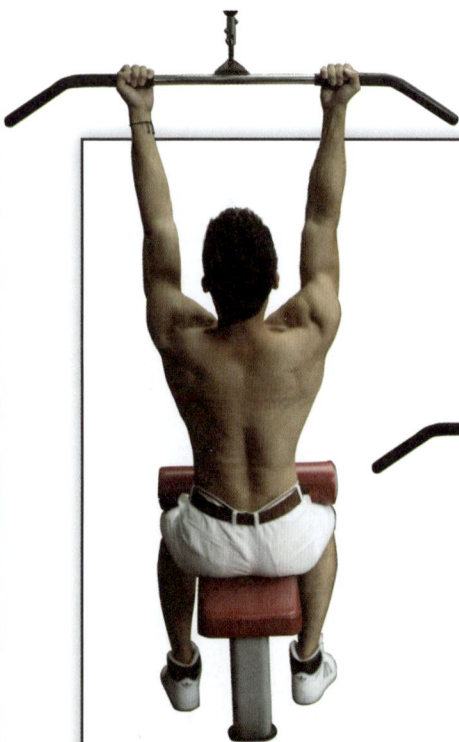

2 用胸大肌和背部的肌肉群力量从头上方位置开始，垂直下拉横杠至胸前，别忘了在运动顶峰时，保持肌肉的紧张状态，动作保持2~3秒。

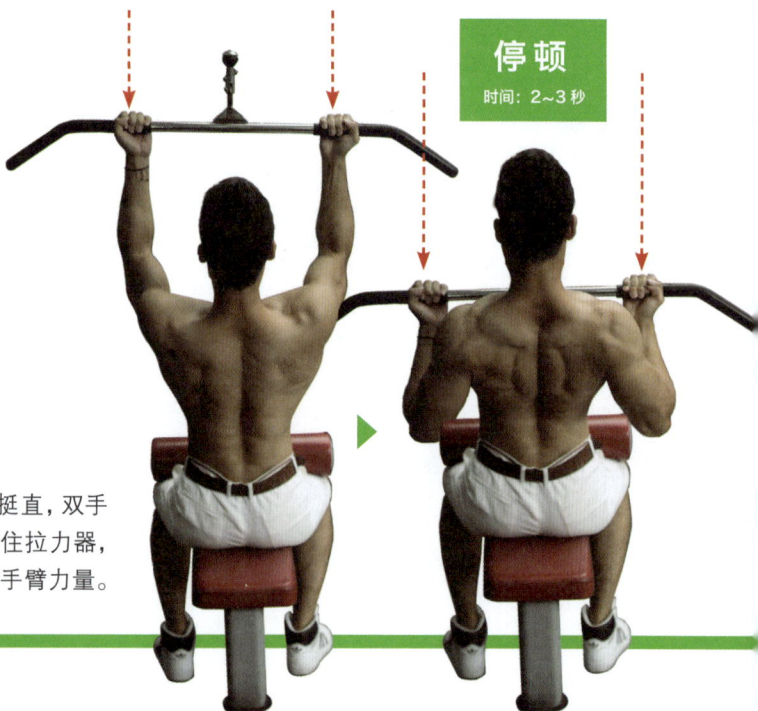

停顿
时间：2~3秒

1 坐在座椅上，身体挺直，双手掌心向后反握，并排抓住拉力器，做好准备。不要过度用手臂力量。

解析注释

● 绿色字体为主要锻炼的肌肉
● 黑色字体为次要锻炼的肌肉

三角肌
胸大肌
肱三头肌
腹直肌

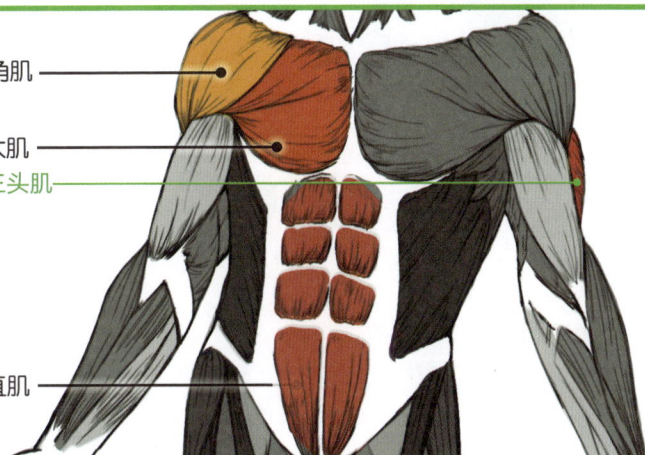

3 这时感觉会更费力，只能通过尽力收紧胸肌，或相距少许距离即分开（不等胳膊与身体平面呈垂直状态）来弥补张力的流失。

POINT

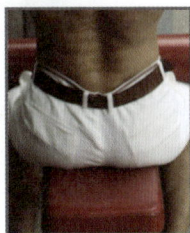

还原时臀部不能离开坐垫。

4 慢慢地回位，重复做此动作。游泳也可以很有效地锻炼肱三头肌噢~

04 拉力器飞鸟

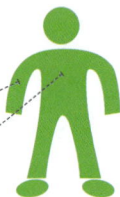

锻炼的好处

增强手臂和胸部的力量。

训练方法

3~4 组，10~12 次 / 组。

教练提示

如果手臂有伤病，建议不要做此运动。

手臂
胸部

正确的运动方法

完成动作时两臂均衡用力，防止猛拉或无控制地突然还原。

运动过程中保持手臂稍微弯曲，让双肘朝下。

注意事项

运动开始和结束时，都要避免双臂后伸的幅度过大，否则会导致肩袖损伤。

停顿

时间：2~3 秒

1 双手握住拉力器的把手，往前走一两步，使站立的位置距离拉力器的器械约一尺。

2 身体稍微向前倾。一脚在前，一脚在后。前膝稍微弯曲。用环抱的姿势将手收到身前。

解析注释

● 绿色字体
为主要锻炼
的肌肉
● 黑色字体
为次要锻炼
的肌肉

三角肌
胸大肌

腹直肌

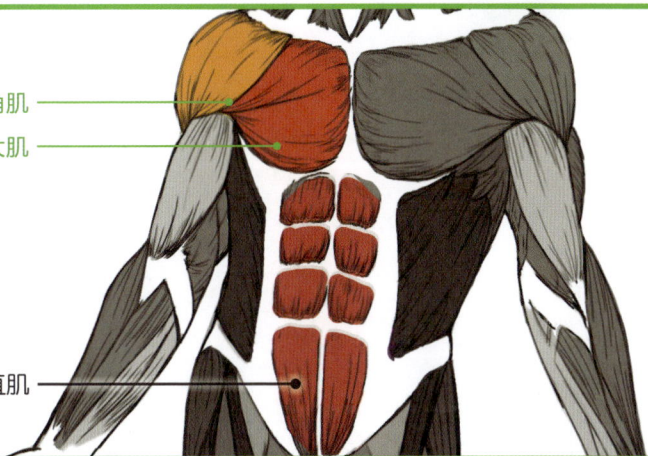

4 慢慢地回位，重复做。整个过程中手肘要保持微弯并且固定。

3 手臂往前拉时应该往下用力。当双臂都位于身前的位置时，用力挤压胸肌内侧。然后慢慢回到起始位置。

要集中运用胸部的肌肉来拉动拉力器，不必要的身体摇摆会增加受伤的风险。

05

拉力器颈后下拉

🏋 锻炼的好处

增强手臂和肩膀的力量。

训练方法

3~4 组，10~12 次 / 组。

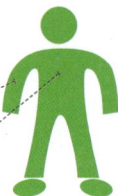

手臂
胸部

教练提示

如果肩部有伤病，建议不要做此运动。

👤 **正确的运动方法**

　　颈后下拉时，锻炼者要避免低头，否则会加大颈椎的负担。

　　最好采用轻负重锻炼。

👤 **注意事项**

　　颈后下拉属于有一定危险系数的动作，一定要保证采用正确的锻炼姿势。

　　练习频率不要太高。

2 用胸大肌和背部的肌肉群力量从头上方位置垂直下拉横杠至肩胛骨。

1 坐在拉背练习机的固定座位上，两手分别握住上方横杠两端的把柄。大腿要保持固定。

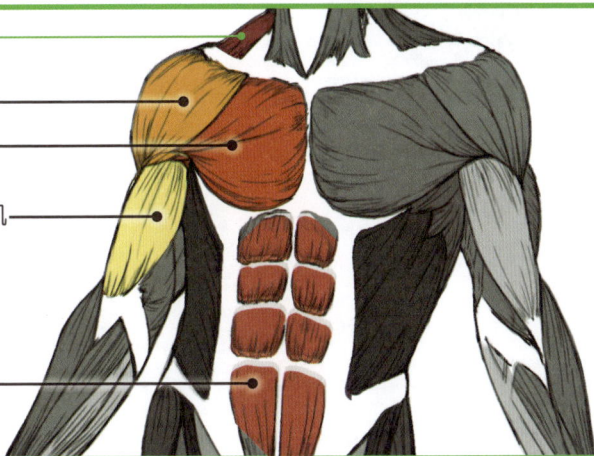

解析注释

- 绿色字体为主要锻炼的肌肉
- 黑色字体为次要锻炼的肌肉

斜方肌
三角肌
胸大肌
肱二头肌
腹直肌

停顿
时间：2~3 秒

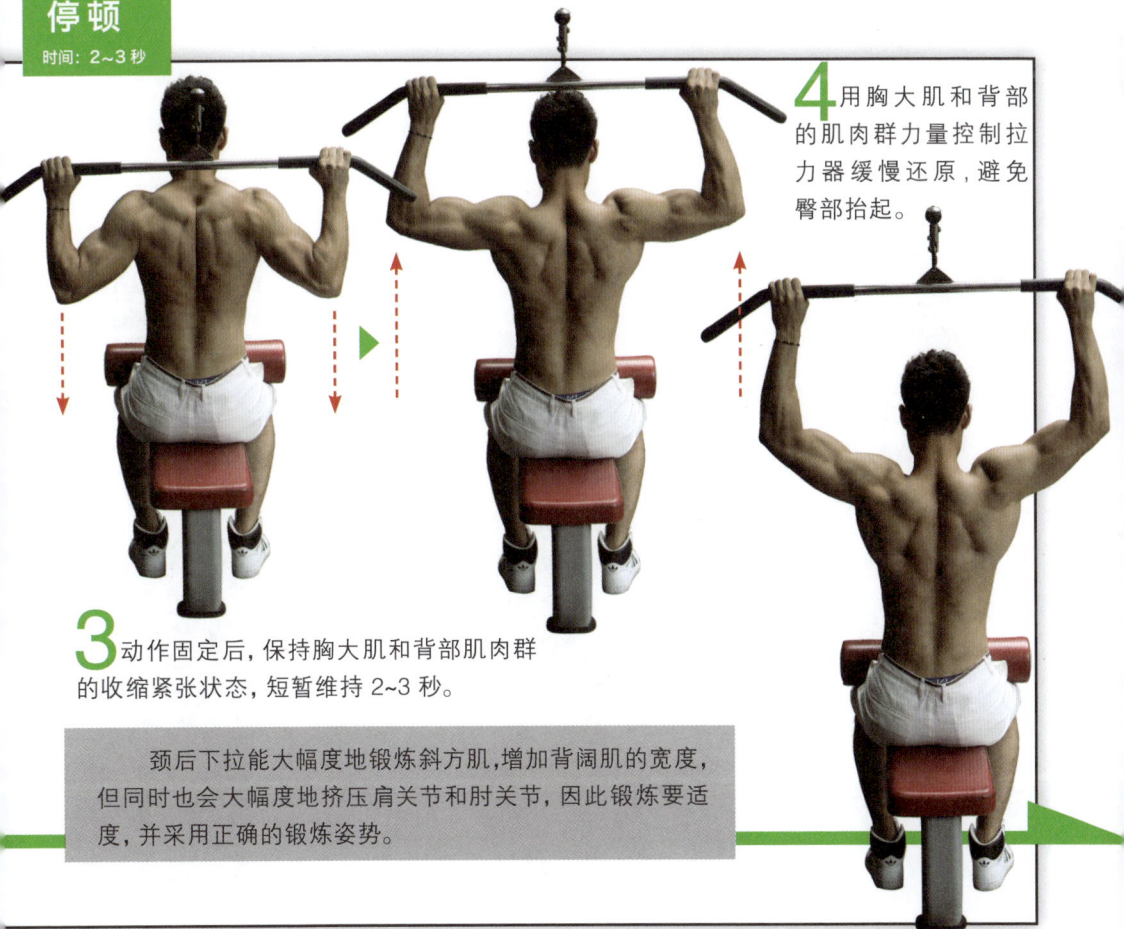

4 用胸大肌和背部的肌肉群力量控制拉力器缓慢还原，避免臀部抬起。

3 动作固定后，保持胸大肌和背部肌肉群的收缩紧张状态，短暂维持 2~3 秒。

颈后下拉能大幅度地锻炼斜方肌，增加背阔肌的宽度，但同时也会大幅度地挤压肩关节和肘关节，因此锻炼要适度，并采用正确的锻炼姿势。

06 拉力器颈前下拉

锻炼的好处

增强手臂、肩部和背部的力量。

训练方法

3~4 组，10~12 次 / 组。

教练提示

如果肩部有伤病，建议不要做此运动。

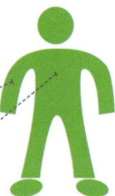

手臂
背部

正确的运动方法

　　完成动作时两臂要均衡用力，防止猛拉或无控制地突然还原。
　　采用宽握距抓握把柄。
　　将横杠向下拉至胸前高度。

注意事项

　　还原时避免臀部离开坐垫。

2 然后动作开始：两臂均衡用力，用胸大肌和背部的肌肉群力量从头上方位置垂直下拉，并拉低至胸前位置。注意不要大力猛拉哦！

停顿
时间：2~3 秒

1 坐在拉背练习机的固定座位上，两手正向握把柄，采用宽握距，分别握住上方横杠两端的把柄。

解析注释

● 绿色字体为主要锻炼的肌肉

● 黑色字体为次要锻炼的肌肉

菱形肌

三角肌

肱二头肌

腹外斜肌

背阔肌

腹直肌

肱桡肌

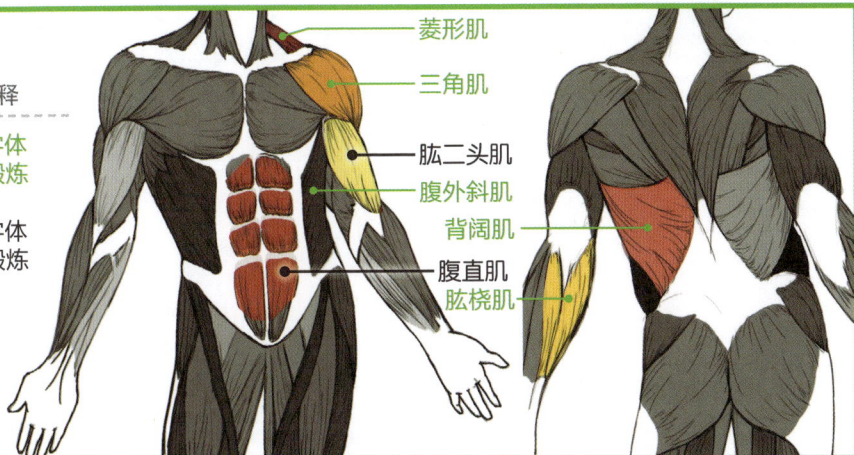

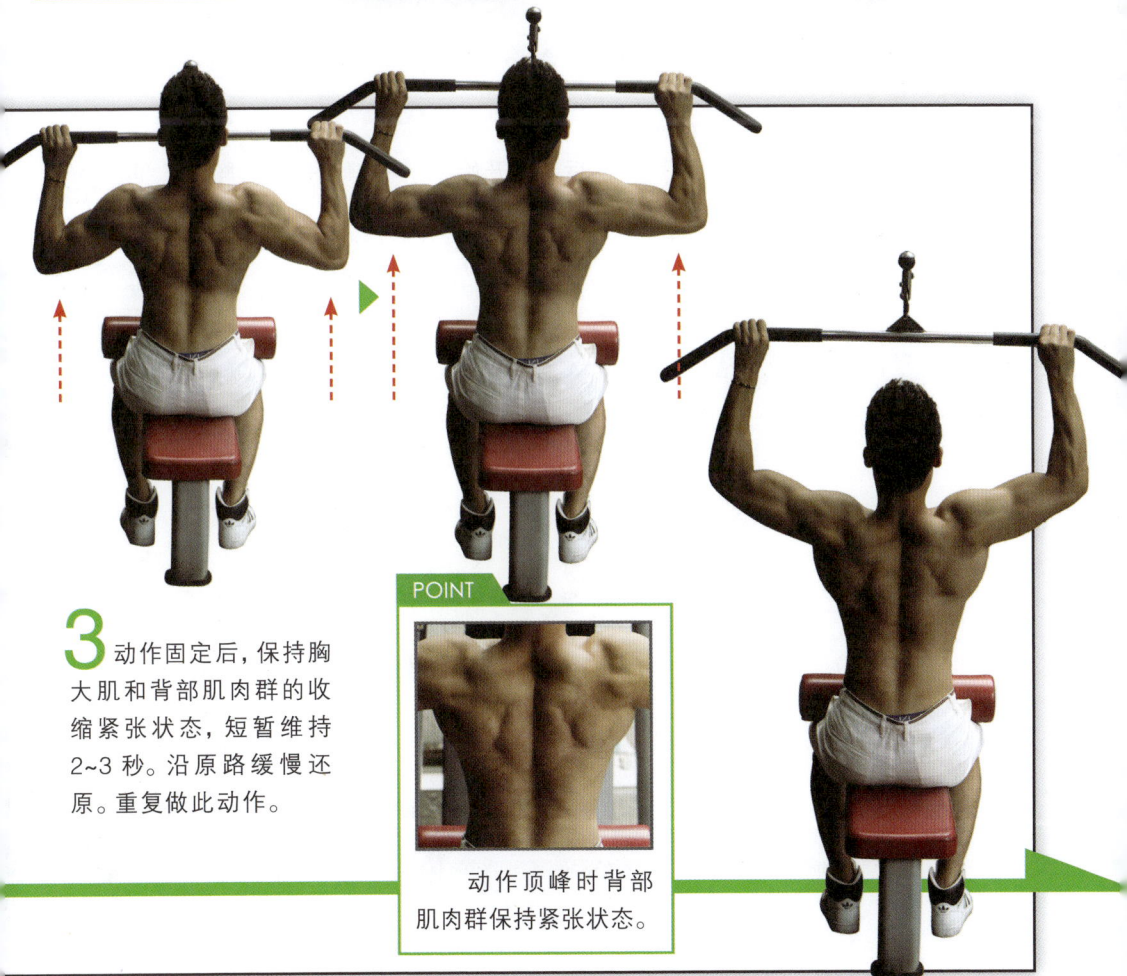

3 动作固定后，保持胸大肌和背部肌肉群的收缩紧张状态，短暂维持2~3秒。沿原路缓慢还原。重复做此动作。

POINT

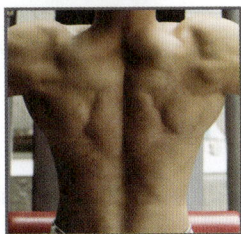

动作顶峰时背部肌肉群保持紧张状态。

07 平板卧推（斜上）

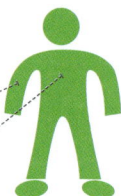

锻炼的好处

增强手臂和胸部的力量。

训练方法

3~4组，10~12次/组。

教练提示

如果肩部有伤病，建议不要做此运动。

手臂
胸部

正确的运动方法

杠铃下放至锁骨处。运动顶峰时，肘部关节不要锁死。

注意事项

不要把臀部和腰抬离凳子，握距要比肩宽，太窄则侧重于锻炼肱三头肌。

1 在史密斯机上调整好长凳位置和角度，斜上推约30度左右。

2 保持卧推上举时杠铃轴线落在胸部相应部位；采用比肩宽的握距，使胸大肌充分伸展和彻底收缩。

停顿
时间：2~3秒

上推的时候为了增加难度，可以采用半程或2/3程，即手臂不用完全伸直，一方面能保证胸大肌持续紧张，另一方面，避免肘部关节锁死。

解析注释

● 绿色字体为主要锻炼的肌肉
● 黑色字体为次要锻炼的肌肉

三角肌
胸大肌
肱三头肌
肱二头肌

腹直肌

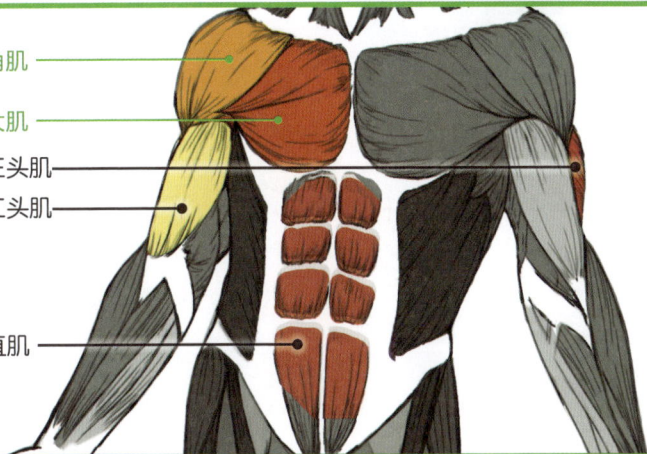

3 当杠铃推起至两臂伸直后，开始回落，肘部保持一定的小角度，使胸大肌处于"顶峰收缩"状态，稍作停顿，以提升锻炼效果。然后控制好肌肉力量，缓慢还原。重复练习。

注意控制好手臂的力量，肘部向下。

08 平板卧推（水平）

锻炼的好处

增强胸部的力量。

训练方法

3~4组，10~12次/组。

手臂
胸部

教练提示

如果肩部有伤病，建议不要做此运动。

正确的运动方法

杠铃下放至乳头上1寸的位置，运动顶峰时，肘部关节不要锁死。

注意事项

臀部和腰不要抬离凳子，握距比肩宽，太窄则侧重于锻炼肱三头肌。

1 在史密斯机上调整好长凳的位置和角度，平板卧推的长凳是水平放置。

2 保持卧推上举时杠铃轴线落在胸部相应部位；采用比肩宽的握距，使胸大肌充分伸展和彻底收缩。

上推的时候为了增加难度，可以采用半程或2/3程，即手臂不用完全伸直，一方面能保证胸大肌持续紧张，另一方面可避免肘部关节锁死。

停顿
时间：2~3秒

解析注释

- 绿色字体为主要锻炼的肌肉
- 黑色字体为次要锻炼的肌肉

胸大肌

肱三头肌

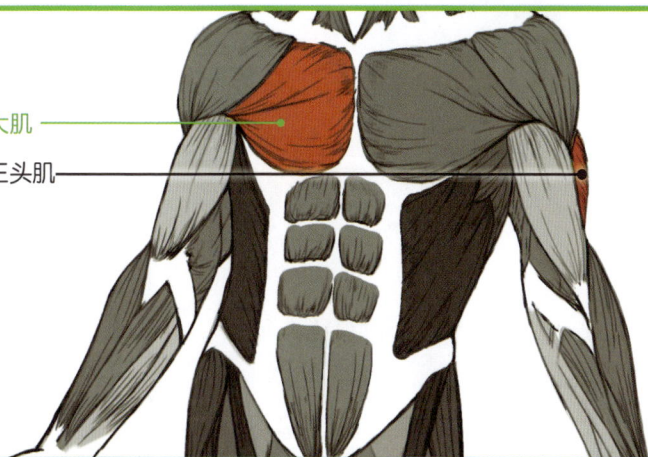

3 当杠铃推起至两臂伸直后开始下落，肘部保持一定的小角度，以使胸大肌处于"顶峰收缩"状态，稍作停顿。然后控制好肌肉力量，缓慢还原。重复练习。

POINT

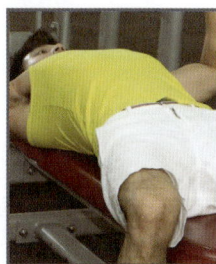

背部、臀部要平贴凳面，不要拱起或憋气，否则控制不了肌肉，会很危险。

09 平板卧推（斜下）

锻炼的好处

增强手臂和胸部的力量。

训练方法

3~4 组，10~12 次 / 组。

教练提示

如果肩部有伤病，建议不要做此运动。

手臂
胸部

正确的运动方法

杠铃下放至最下面的肋骨左右。一般斜下角度为 20 度左右。

注意事项

臀部和腰不要抬离凳子，握距比肩宽，太窄则会侧重于锻炼肱二头肌。

1 在史密斯机上调整好长凳位置和角度，斜下卧推一般斜下角度为 20 度左右。背部和臀部紧贴凳面。采用比肩宽的握距，使胸大肌充分伸展和彻底收缩。

2 保持卧推上举时杠铃轴线落在胸部最下面的肋骨左右，不要放到胸大肌中间部位，否则会给肩关节造成压力。

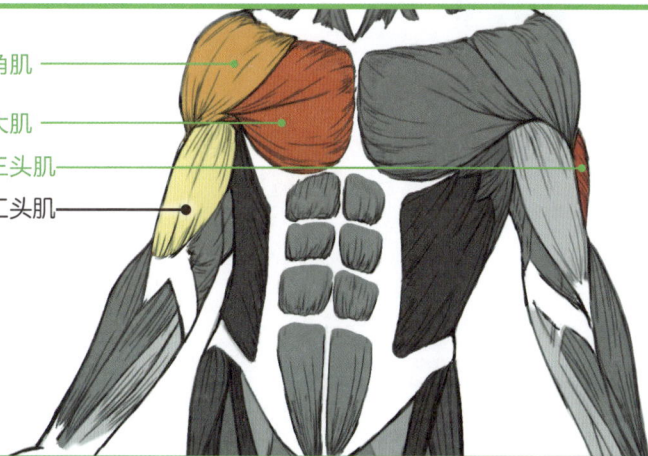

三角肌
胸大肌
肱三头肌
肱二头肌

解析注释

● 绿色字体
为主要锻炼
的肌肉
● 黑色字体
为次要锻炼
的肌肉

3 当杠铃推起至两臂伸直后开始回落，肘部保持一定的小角度，以使胸大肌处于"顶峰收缩"状态，稍作停顿。然后控制肌肉力量，缓慢还原，并重复锻炼。

停顿
时间：2~3秒

POINT

勾脚要安全、牢固。

史密斯机单臂划船

锻炼的好处

增强手臂和背部的力量。

训练方法

3~4组，10~12次/组。

教练提示

如果肩部有伤病，建议不要做此运动。

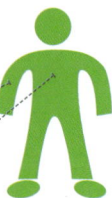

正确的运动方法

　　单臂划船对手臂力量要求很高，两手轮流做动作，用手臂带动背部肌肉的锻炼。
　　腰部向前俯身，没有握杠铃的手放在同侧膝盖上。

注意事项

　　初始时不要使用大重量，技术稳定后再逐步增重。

手臂
背部

1 腰部向前俯身，上半身与地面呈45度。没有握杠铃的手放在同侧膝盖上，另一只手抓住杠铃的中间，解开杠铃使胳膊竖直下垂，并完全伸直；背部保持平坦，挺胸，膝部微弯。

2 用背部的爆发力以划船动作带动杠铃向上，同时保持肘部紧贴身体，直到杠铃与上半身平行。

为防止下背受伤，请一直保持后背绷紧。

解析注释

● 绿色字体
为主要锻炼
的肌肉
● 黑色字体
为次要锻炼
的肌肉

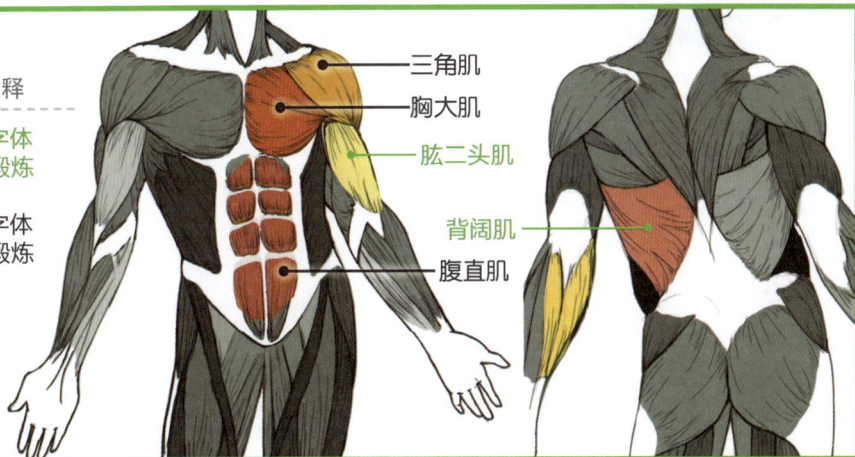

三角肌
胸大肌
肱二头肌
背阔肌
腹直肌

停顿
时间：1~2 秒

4 控制好肌肉力量，让杠铃缓慢返回到动作底部，胳膊完全伸直。

3 在动作顶部挤压背部，并保持此状态 1~2 秒，使肌肉保持紧张状态，以强化锻炼效果。

11 史密斯机上斜卧推

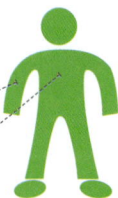

锻炼的好处

增强胸部的力量。

训练方法

3~5 组，8~15 次 / 组。

手臂
胸部

教练提示

如果肩部有伤病，建议不要做此运动。

正确的运动方法

在转换方向的时候不要让杠铃直接从胸部弹出，应推举到双臂完全伸直。
双手握距比肩宽。
背部和臀部紧贴凳子。

注意事项

不要锁紧肘部。
凳子上斜角度不要超过 30 度。

1 面朝上躺在斜凳上（注意凳子上斜的角度不要超过 30°），双手握住杠铃（双手距离比肩部要宽一点），双脚分开平踏在地上，背部和臀部要紧紧贴着凳子。

2 卧推，有时为了增加难度，可采用半程或者 2/3 程，手臂不用完全伸直，更不能锁死，这样可以持续保持胸大肌的紧张度。

解析注释

● 绿色字体为主要锻炼的肌肉
● 黑色字体为次要锻炼的肌肉

三角肌
胸大肌
肱三头肌
肱二头肌
腹直肌

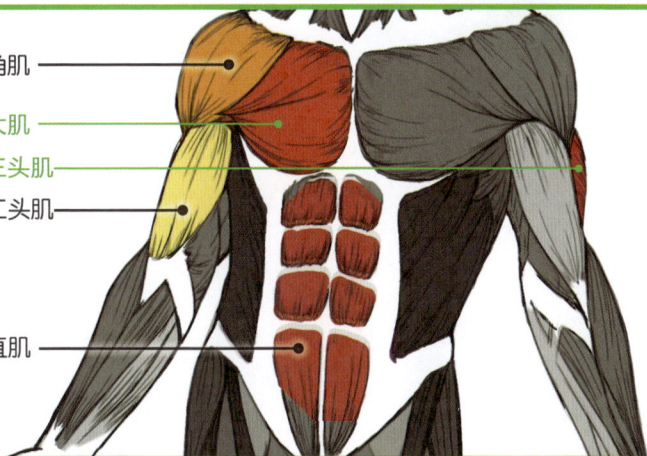

3 当杠铃推至两臂伸直（关节不能锁死）的运动顶峰状态时,保持 2 秒,然后下放。下放时杠铃尽可能贴近胸部。

初学者应在教练的陪同下进行练习。

12 史密斯机卧推

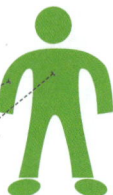

锻炼的好处

增强肩膀和胸部的力量。

训练方法

3~4 组，10~12 次 / 组。

手臂
胸部

教练提示

如果肩部有伤病，建议不要做此运动。

正确的运动方法

卧推过程中，上推时为了增加难度，手臂不用完全伸直，一方面能保证胸大肌持续紧张，另一方面可避免肘部关节锁死。

注意事项

不要把臀部和腰抬离凳子，握距比肩宽。

2 卧推，有时为了增加难度，可采用半程或者 2/3 程，手臂不用完全伸直，更不能锁死，以持续保持胸大肌的紧张度。

1 在史密斯机上调整好长凳位置和角度，保持卧推上举时杠铃轴线落在胸部相应部位。采用比肩宽的握距，使胸大肌获得充分伸展和彻底收缩。

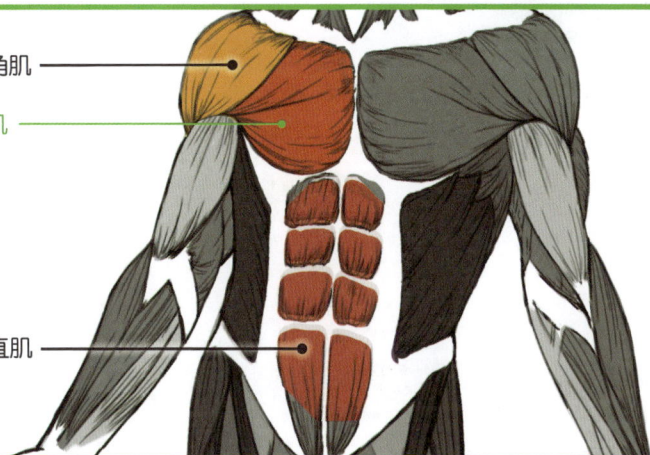

解析注释

● 绿色字体
为主要锻炼
的肌肉
● 黑色字体
为次要锻炼
的肌肉

三角肌

胸肌

腹直肌

3 当杠铃推起至两臂伸直后肘部保持一定小角度，使胸肌处于"顶峰收缩"状态。稍作停顿，然后下放杠铃。下放时杠铃尽可能贴近胸部。

停顿
时间：2~3秒

不要让杠铃从胸部突然发力向上弹起。两臂伸直，但是关节不能锁死。

13 胸肌臂屈伸

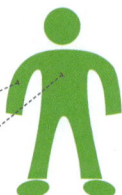

锻炼的好处

增强肩膀和胸部的力量。

训练方法

3~4组，10~12次/组。

教练提示

如果肩部有伤病，建议不要做此运动。

手臂
胸部

正确的运动方法

下放的速度要慢，并尽量降低。
身体不可随意晃动，要保持平衡。
双腿自然弯曲置于凳面。

注意事项

不要在身体的前后摆动中完成动作。
不要故意挺胸。

停顿

时间：2~3秒

1 双手分别握杠，两臂伸直支撑在双杠上，头正挺胸顶肩，躯干、上肢与双杠垂直，屈膝后小腿平放于凳子上。不要故意使劲挺胸，使胸大肌的下部垂直于地面。

2 肘关节慢慢弯屈，同时肩关节伸屈，使身体逐渐下降至最低位置。

解析注释

● 绿色字体为主要锻炼的肌肉
● 黑色字体为次要锻炼的肌肉

三角肌

胸大肌（下部）

肱三头肌

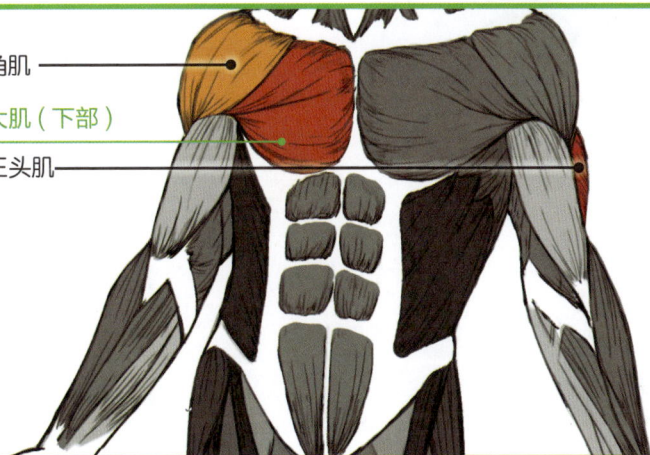

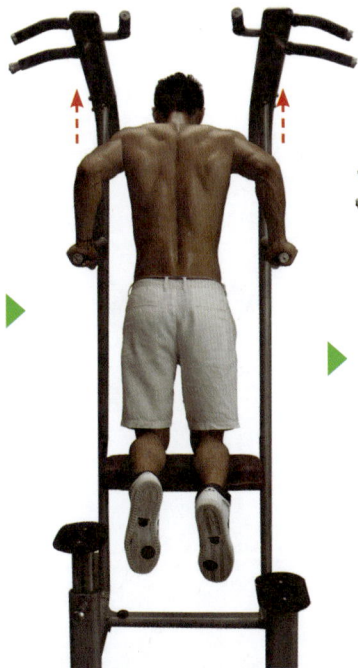

3 稍停片刻，两臂用力撑起至初始状态，注意身体不要随意晃动，保持平衡。

想成为胸肌达人吗？还有强力型胸肌臂屈伸的方法：后背圆撑，身体稍微前倾，使胸肌有更多张力，并将下巴紧贴胸部；双脚前伸到身体前方，开始胸肌臂屈伸练习。

14 正握引体向上

锻炼的好处

增强背部的力量。

训练方法

3~4 组，10~12 次 / 组。

教练提示

如果肩部有伤病，建议不要做此运动。

手臂
后背

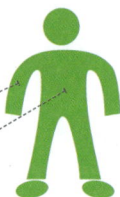

正确的运动方法

身体下降时，避免以肩关节为轴心摇晃身体，而要保持关节紧张，调动中背部稳定肌参与维持身体的稳定。

屈肘向上动作不要过快，防止拉伤。

注意事项

避免强力运动，要缓慢地进行可控制运动。

2 集中背阔肌的收缩力，屈臂引体上拉。屈臂引体上拉到最高处稍作停顿，时间为 2~3 秒。

1 准备动作：双手抓住把柄或单杠，使腰背以下部位处于放松状态，背阔肌充分拉长，两小腿微屈。

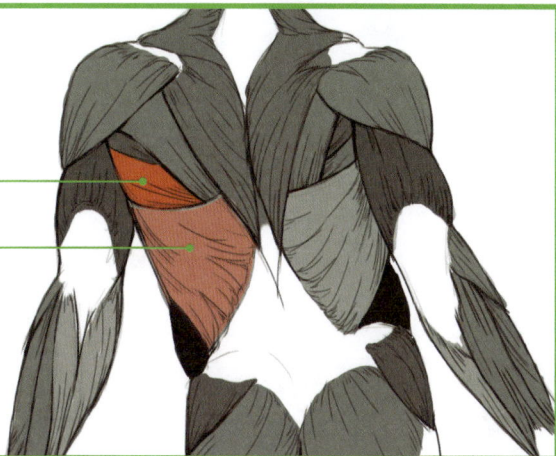

解析注释
- 绿色字体为主要锻炼的肌肉
- 黑色字体为次要锻炼的肌肉

大圆肌
背阔肌

停顿
时间：2~3秒

3 以背阔肌的收缩力量控制住身体慢慢下降还原。重复练习。

正握引体向上能很好地锻炼背部肌肉，是背部锻炼最经典的动作之一，同时它也能有效强化肱二头肌、肱肌、肱桡肌。此动作需要较大的力量，练习要循序渐进，以免受伤。

引体向上 1

锻炼的好处

增强手臂和背部的力量。

训练方法

3~4 组，10~12 次 / 组。

手臂
后背

教练提示

如果肩部有伤病，建议不要做此运动。

正确的运动方法

上拉时意念集中在背阔肌，把身体尽可能地拉高，不要让身体左右摆动。屈肘向上动作不要过快，防止拉伤。

注意事项

下垂时脚不能触及地面。

2 缓缓屈肘慢慢向上拉起，直至不能上拉为止，稍停 2~3 秒，保持背部肌群完全收紧。肘部和肩部是全身唯一运动的部位，其他部位保持静止。

1 自然站立，上跃抓住上端手柄，保持身体稳定。身体处于自然下垂状态，背阔肌自然拉平。

解析注释

- 绿色字体为主要锻炼的肌肉
- 黑色字体为次要锻炼的肌肉

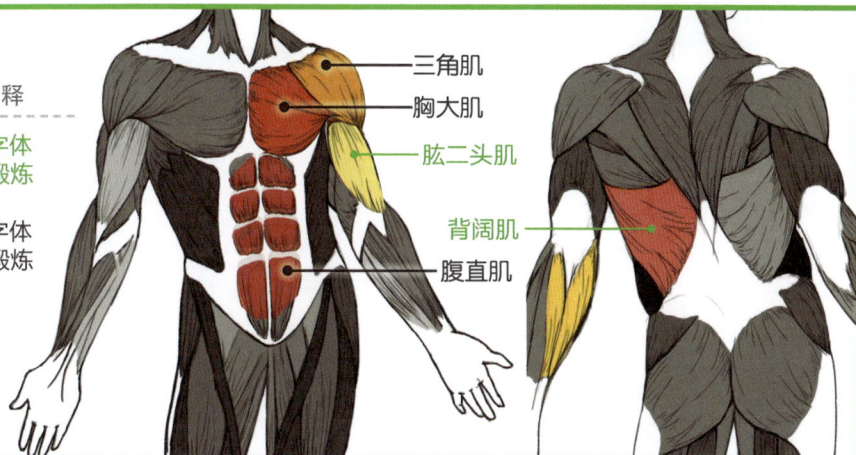

三角肌
胸大肌
肱二头肌
背阔肌
腹直肌

3 逐渐放松背阔肌，让身体缓慢下降，直至完全下垂。尽可能不要让身体摇摆，下垂时脚不能触及地面。

停顿
时间：2~3秒

16 引体向上 1-1(带辅助)

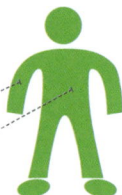

锻炼的好处

增强手臂和背部的力量。

训练方法

3~4 组，10~12 次 / 组。

教练提示

如果肩部有伤病，建议不要做此运动。

手臂
后背

正确的运动方法

上拉时意念集中在背阔肌，把身体尽可能地拉高，不要让身体摆动。

屈肘向上动作不要过快，防止拉伤。

注意事项

不要来回摆动身体。

2 缓缓屈肘慢慢向上拉起，直至不能上拉为止，稍停 2~3 秒，保持背部肌群完全收紧。肘部和肩部是全身唯一运动的部位，其他部位保持静止。

1 双手紧握器械手柄上端，宽度约为肩宽的两倍。膝盖弯曲置于凳子上，身体保持竖直状态。此时背阔肌处于拉长的状态下。

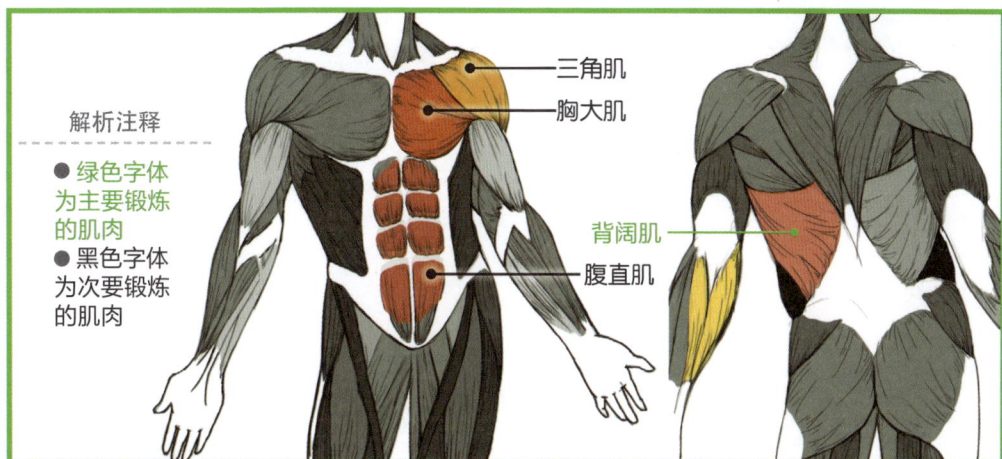

解析注释

- 绿色字体为主要锻炼的肌肉
- 黑色字体为次要锻炼的肌肉

三角肌
胸大肌
背阔肌
腹直肌

3 逐渐放松背阔肌，让身体缓慢下降，直至完全下垂。

停顿
时间：2~3秒

17 引体向上 2

锻炼的好处

增强背部的力量。

训练方法

3~4组，10~12次/组。

教练提示

如果肩部有伤病，建议不要做此运动。

手臂
后背

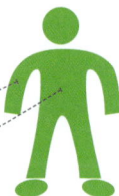

正确的运动方法

上拉时意念集中在背阔肌，把身体尽可能地拉高，不要让身体摆动。

屈肘向上动作不要过快，防止拉伤。

注意事项

下垂时脚不能触及地面。

2 缓缓屈肘慢慢向上拉起，直至不能上拉为止，稍停2~3秒，保持背部肌群完全收紧。肘部和肩部是全身唯一运动的部位，其他部位保持静止。

1 双手紧握器械手柄上端，宽度约为肩宽的两倍。膝盖弯曲，身体悬垂，双脚自然弯曲于身后。

停顿

时间：2秒~3秒

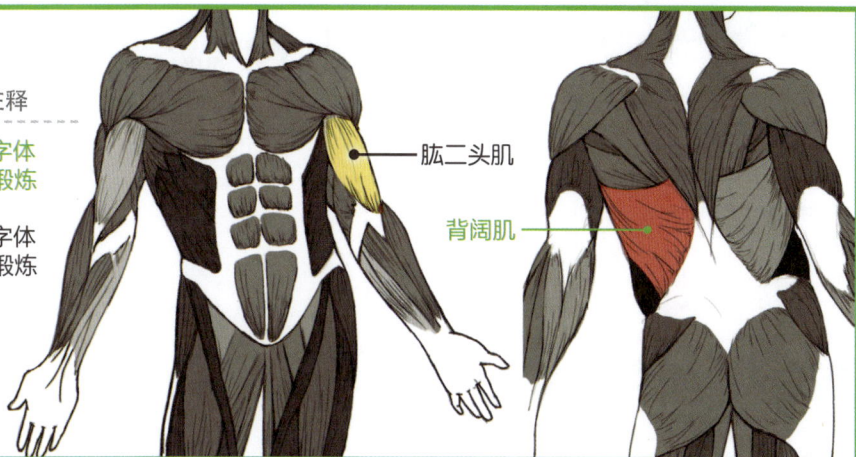

解析注释

● 绿色字体
为主要锻炼
的肌肉
● 黑色字体
为次要锻炼
的肌肉

肱二头肌

背阔肌

引体向上 2-1（带辅助）

3 逐渐放松背阔肌，让身体缓慢下降，直至完全下垂。

停顿
时间：2~3秒

18 引体向上 3

锻炼的好处

增强手臂和背部的力量。

训练方法

3~4 组，10~12 次 / 组。

教练提示

如果肩部有伤病，建议不要做此运动。

手臂
后背

正确的运动方法

上拉时意念集中在背阔肌，把身体尽可能地拉高，不要让身体摆动。

屈肘向上动作不要过快，防止拉伤。

注意事项

下垂时脚不能触及地面。

1 双手紧握器械手柄内柄，约和肩同宽。保持身体处于自然悬垂状态，膝盖自然向后弯曲。

2 缓缓屈肘慢慢向上拉起，直至不能上拉为止，稍停 2~3 秒，保持背部肌肉群完全收紧。

解析注释

● 绿色字体
为主要锻炼
的肌肉
● 黑色字体
为次要锻炼
的肌肉

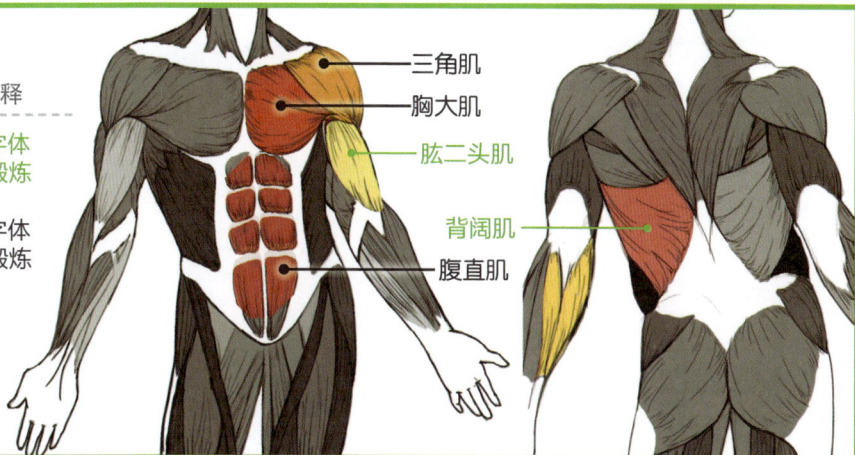

三角肌
胸大肌
肱二头肌

背阔肌
腹直肌

3 逐渐放松背阔肌，让身体缓慢下降，直至完全下垂。尽可能不要让身体摇摆，下垂时脚不能触及地面。

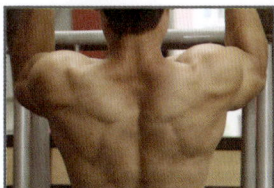

观察运动顶峰时背部肌肉群的状态，尤其是背阔肌，应处于收紧状态中。

引体向上 3-1（带辅助）

锻炼的好处

增强手臂和背部的力量。

训练方法

3~4组，10~12次/组。

教练提示

如果肩部有伤病，建议不要做此运动。

手臂
后背

正确的运动方法

上拉时意念集中在背阔肌，把身体尽可能地拉高，不要让身体摆动。屈肘向上动作不要过快，防止拉伤。

注意事项

注意身体不要来回摆动。

1 双手紧握器械手柄内柄，约和肩同宽。膝盖自然置于凳子上，身体保持竖直。

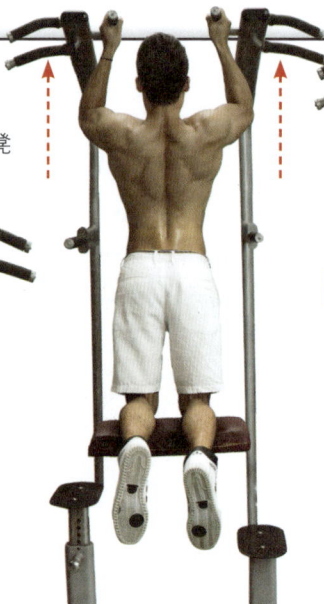

2 屈肘慢慢向上拉起，直至不能向上为止。稍停2~3秒，保持背部肌群完全收紧。

停顿
时间：2~3秒

H	训练难度	★★
A	锻炼效果	★★
T	肌肉群范围	★★★

解析注释

● 绿色字体为主要锻炼的肌肉
● 黑色字体为次要锻炼的肌肉

三角肌
胸大肌
肱二头肌
背阔肌
腹直肌

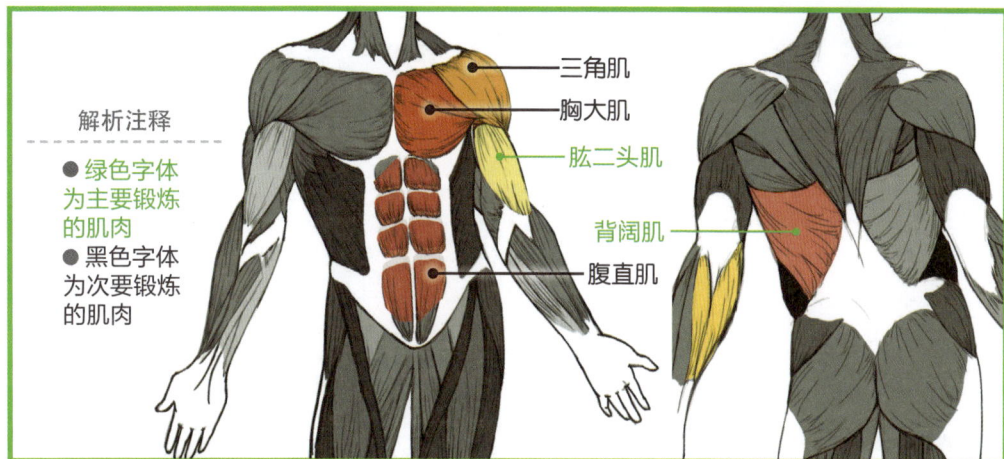

锻炼者在做引体向上时，如果觉得练背没什么感觉，这是因为动作没有做到位。动作到位，背部肌肉群处于收缩状态时，通过"顶峰收缩"使肌肉充血发胀，能有效地刺激肌肉，让肌肉变得发达。

3 逐渐放松背阔肌，让身体缓慢下降，直至完全下垂。重复做。

28 宽握引体向上

锻炼的好处

增强手臂和背部的力量。

训练方法

3~4组，10~12次/组。

手臂
后背

教练提示

如果肩部有伤病，建议不要做此运动。

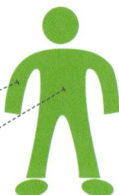

正确的运动方法

上拉时意念集中在背阔肌，把身体尽可能地拉高，不要让身体摆动。屈肘向上动作不要过快，防止拉伤。

注意事项

下垂时脚不能触及地面。

2 集中背阔肌的收缩力，屈臂引体缓缓上拉，直至不能向上为止。肘部和肩部是全身唯一运动的部位，其他部位保持静止。

1 双手抓住把柄或单杠，握距宽于肩距，使腰背以下部位处于放松状态，背阔肌充分伸长，两小腿自然弯曲抬起。

解析注释

● 绿色字体
为主要锻炼
的肌肉
● 黑色字体
为次要锻炼
的肌肉

三角肌
胸大肌
肱二头肌
背阔肌
腹直肌

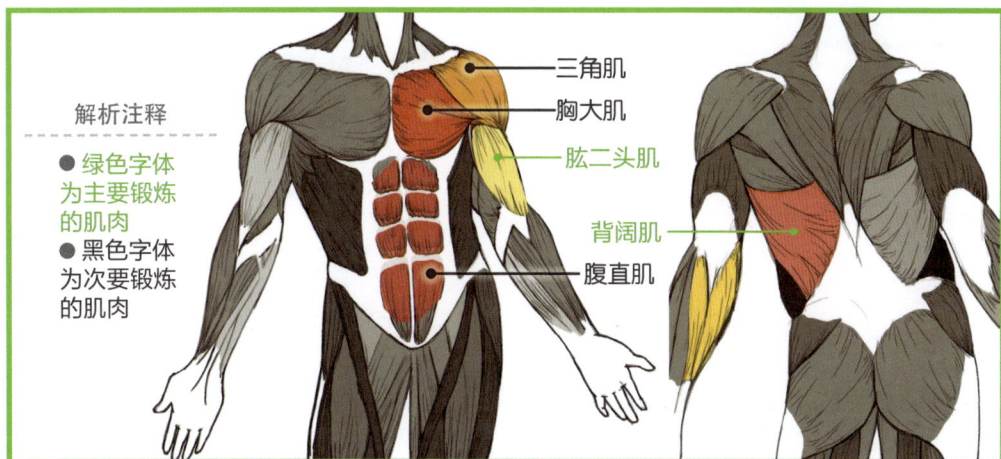

3 屈臂引体上拉到最高处，下巴高于杠面，稍停2~3秒，使背阔肌彻底收缩，刺激肌肉神经，使血液流向背阔肌，从而使肌肉得到锻炼。

4 用背阔肌的收缩力量控制身体慢慢下降还原。尽可能不要让身体摇摆，下垂时脚不能触及地面。重复练习。

停顿
时间：2~3秒

21 反握引体向上

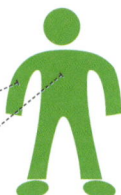

锻炼的好处

增强肩膀、胸部和背部的力量。

训练方法

3~4组，10~12次 / 组。

教练提示

如果肩部有伤病，建议不要做此运动。

手臂
胸部

正确的运动方法

上拉时意念集中在背阔肌，把身体尽可能地拉高，不要让身体摆动。屈肘向上动作不要过快，防止拉伤。

注意事项

下垂时脚不能触及地面。

2 集中背阔肌的收缩力，屈臂引体缓缓上拉，直至不能向上为止。肘部和肩部是全身唯一运动的部位，其他部位保持静止。

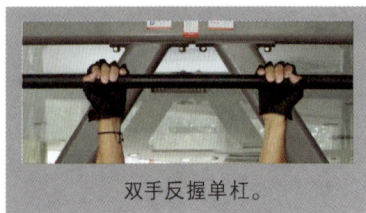

双手反握单杠。

1 反握单杠，双手间距以舒适为宜，或略窄于双肩宽度。身体悬在单杠上，手臂伸直，双脚勾起。

解析注释

● 绿色字体为主要锻炼的肌肉
● 黑色字体为次要锻炼的肌肉

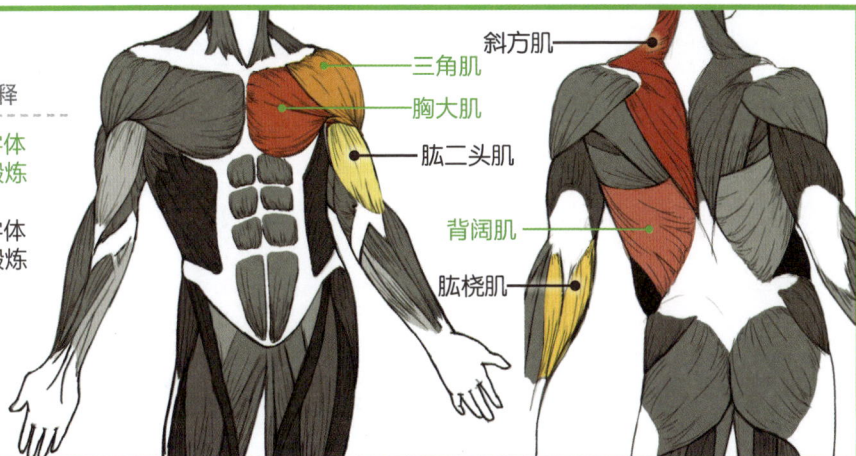

斜方肌
三角肌
胸大肌
肱二头肌
背阔肌
肱桡肌

3 屈臂引体上拉到最高处,下巴高于杠面,稍停 2~3 秒,使背阔肌彻底收缩。

停顿
时间: 2~3 秒

　　锻炼初始阶段,很少有人能一口气做一二十个引体向上。可以一组一组来做,每组不计个数。隔几天再做时,争取每组多做一个,最后达到每组 6 个以上。

4 用背阔肌的收缩力量控制身体慢慢下降还原。尽可能不要让身体摇摆,下垂时脚不能触及地面。重复练习。

22 低位引体向上（带辅助）

锻炼的好处

增强手臂的力量。

训练方法

3~4 组，10~12 次 / 组。

教练提示

如果肩部有伤病，建议不要做此运动。

手臂
胸部

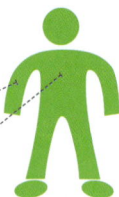

正确的运动方法

上拉时意念集中在背阔肌，把身体尽可能地拉高，不要让身体摆动。屈肘向上动作不要过快，防止拉伤。

注意事项

注意身体不要来回晃动。

1 把史密斯杠铃调节到与大腿高度相当。双手握住握把，握距宽于肩距，并保持身体在杠铃下方。

2 集中背阔肌的收缩力，屈臂引体缓缓上拉，直至不能向上为止。上拉时，上体要保持平直，肘部不要前后摇动。

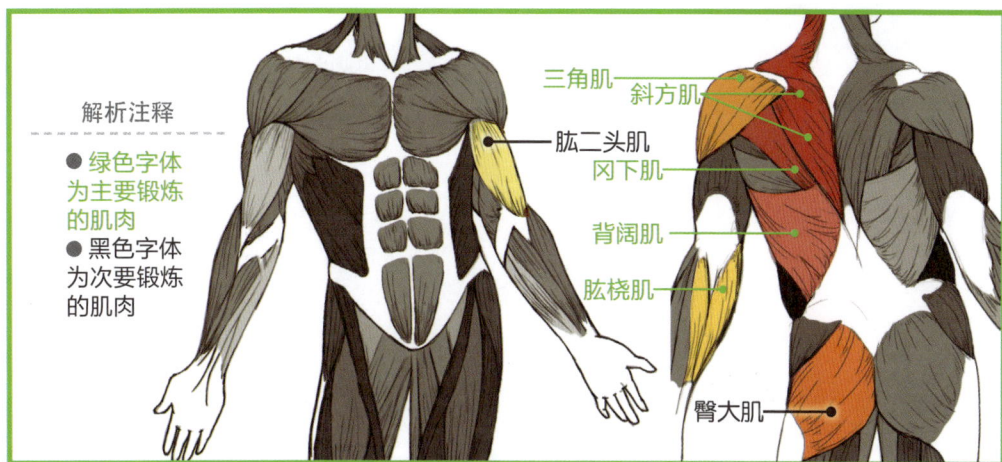

解析注释

● 绿色字体为主要锻炼的肌肉
● 黑色字体为次要锻炼的肌肉

三角肌
斜方肌
肱二头肌
冈下肌
背阔肌
肱桡肌
臀大肌

4 用背部肌肉群控制身体慢慢放下，尽可能不要让身体摇摆。重复练习。

3 继续缓缓上拉身体，直到胸部贴近杠铃杆，保持 2~3 秒，使背阔肌彻底收缩。

停顿
时间：2~3 秒

23 站姿双臂侧下拉夹胸

锻炼的好处

增强手臂的力量。

训练方法

3~4组，10~12次/组。

教练提示

如果肩部有伤病，建议不要做此运动。

手臂
胸部

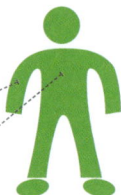

正确的运动方法

上体始终保持稍前倾，不能前后摆动助力。

前拉时，双手最后固定在腰前部位。

重心方向由上向下呈45度角（必须大于30度）。

注意事项

完成动作时两臂均衡用力，防止猛拉或突然性还原动作。

2 上身稍前倾，两臂从上往下，顺着斜45度角方向用力,最后双手移动到在腰前位置,保持手肘固定。停顿2~3秒后，返回。

停顿
时间：2~3秒

1 站在滑轮拉力器之间，双手握住拉力器。保持臀部和膝盖略微弯曲。两臂侧上举，保持手臂略微弯曲。重心方向由上向下呈45度角(不能小于30度)。

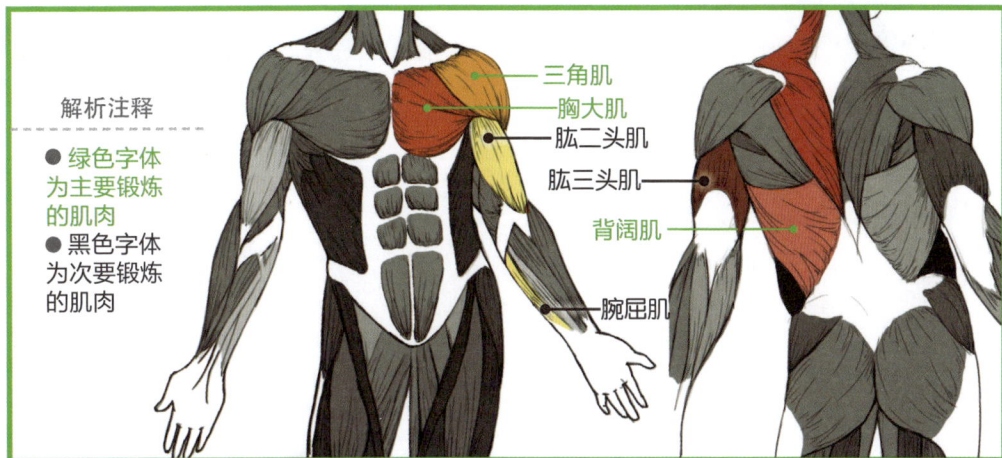

解析注释

- ● 绿色字体
  为主要锻炼
  的肌肉
- ● 黑色字体
  为次要锻炼
  的肌肉

三角肌
胸大肌
肱二头肌
肱三头肌
背阔肌
腕屈肌

拉力器夹胸是锻炼上胸部和内侧胸肌
的一种非常好的方式。握把的位置在中部或
下部，受到锻炼的是中胸部或下胸部肌群。

切忌猛拉
或突然性还原，
否则容易对肌
肉造成伤害。

3 返回时，要慢慢地张开两臂，两
臂用力要均衡，切忌突然性还原。

24 坐姿飞鸟

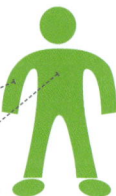

锻炼的好处

增强手臂的力量。

训练方法

4~6 组，12~16 次 / 组。

教练提示

如果肩部有伤病，建议不要做此运动。

手臂
胸部

正确的运动方法

将器械由身体两侧拉向身体前方的中间位置夹紧，手臂拉伸到最大距离后稍作停顿。

注意事项

不必要的身体摇摆，会增加受伤的风险；避免双臂后伸的幅度过大，否则会导致肩袖损伤。

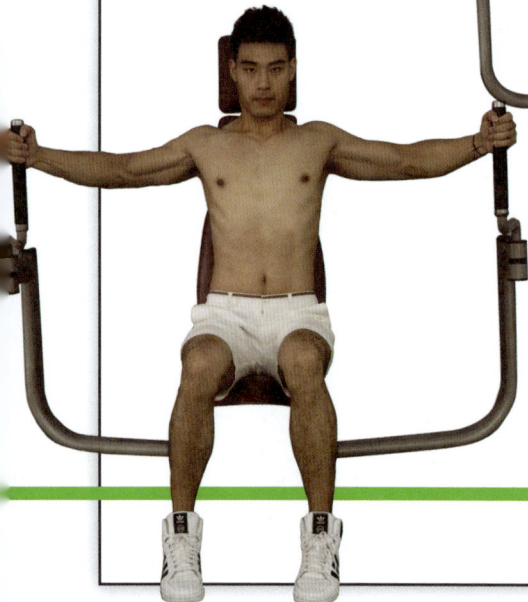

停顿

时间：2~3 秒

1 坐到座椅上，身体摆正，上背部和头部靠紧靠椅背，腰腹部收紧，保持身体的稳定，眼睛平视，双手握住器械手把，肘关节稍屈。

2 将器械由身体两侧拉向身体前方的中间位置夹紧，当双手之间的距离为 1~2 厘米时停顿 1 秒。注意力集中在胸大肌中束部位。

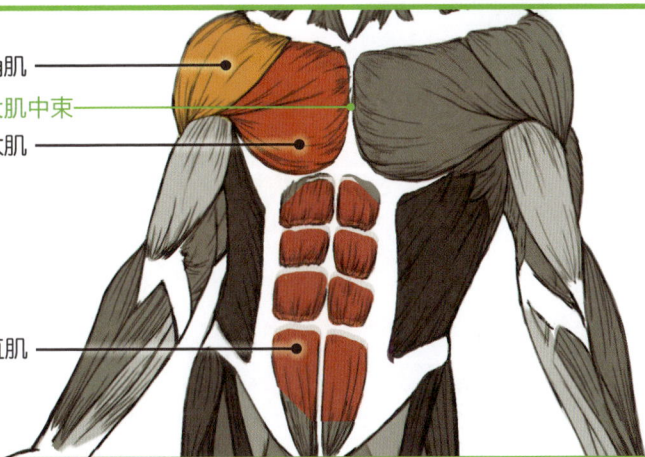

三角肌

胸大肌中束

胸大肌

腹直肌

解析注释

● 绿色字体为主要锻炼的肌肉

● 黑色字体为次要锻炼的肌肉

POINT

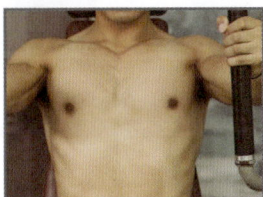

身体保持挺立，肩胛缩回收紧，背部挺直，肩膀下垂。

手臂拉伸到最大距离稍作停顿，保持平稳呼吸，保持连续不间断地来做这个动作。

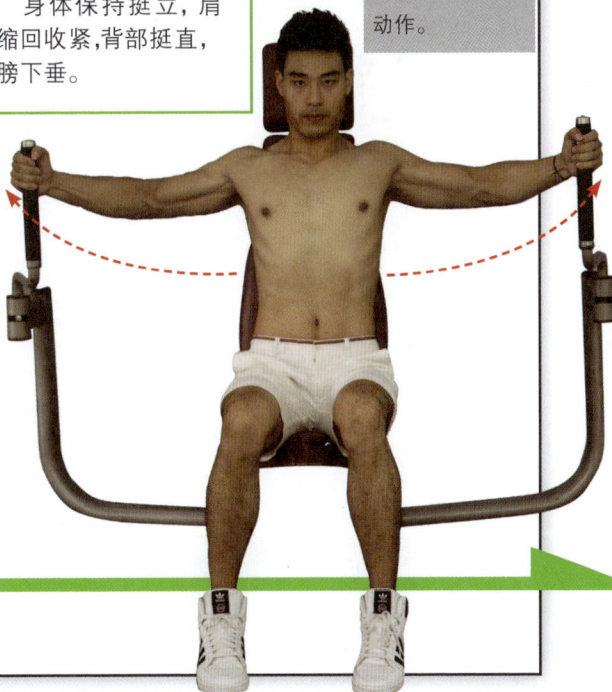

3 接下来用 2 秒的时间还原动作，避免还原时间过短和动作过快。然后开始下一个练习。坐姿飞鸟动作，可隔天练习，一次 4~6 组，每组 12~16 个。

25 坐姿划船

增强手臂的力量。

训练方法

3~4 组，10~12 次 / 组。

教练提示

如果肩部有伤病，建议不要做此运动。

手臂
胸部

正确的运动方法

上拉时让意念集中到背阔肌的收缩上，而不是臀部肌肉上。

向胸部拉动直杆，直到肘部与背部齐平。

注意事项

上拉时，腰部收紧，上体尽量不摇动，腿部用力，臀部后移，以保持平衡。

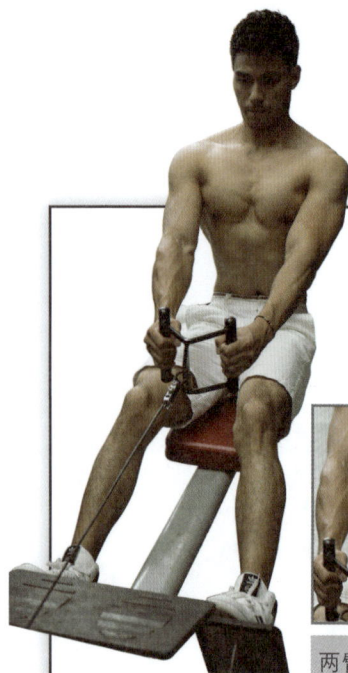

2 收缩背阔肌，上拉上臂，向胸部拉动直杆，直到肘部与背部齐平。保持肘部、上臂与地面垂直。

两臂直垂握把手。

1 坐在板凳上，身体略微前倾，两臂垂直握住拉力器上的直杆握把，坐直并保持膝盖略微弯曲，头部不要低垂。

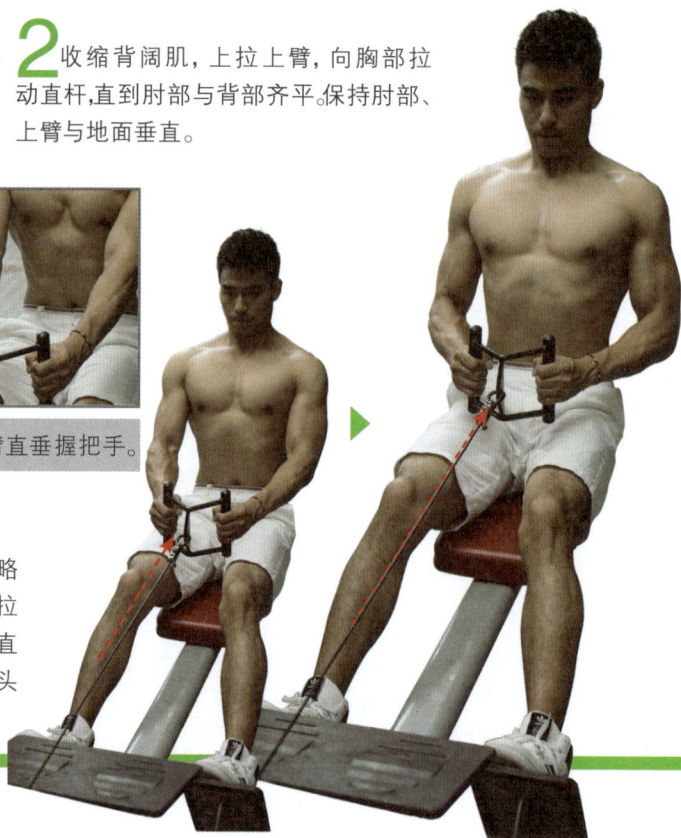

解析注释

- 绿色字体为主要锻炼的肌肉
- 黑色字体为次要锻炼的肌肉

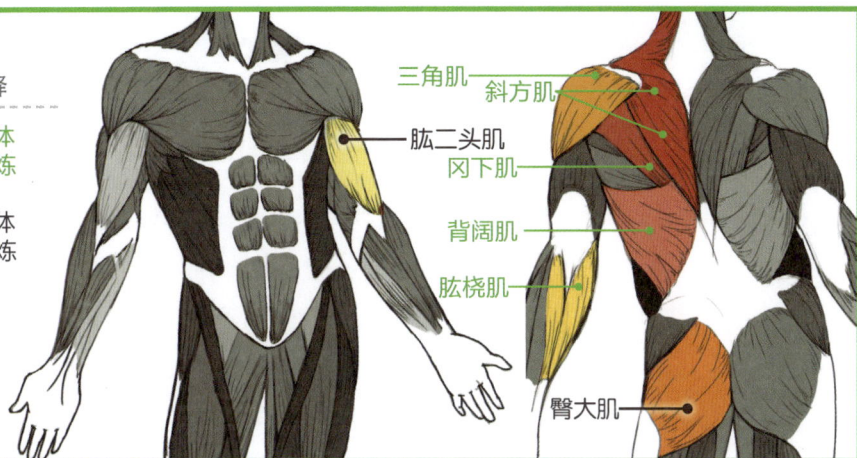

三角肌
斜方肌
肱二头肌
冈下肌
背阔肌
肱桡肌
臀大肌

3 手臂拉伸到最大位置后稍作停顿,然后还原,中间过程要连续不间断。避免不必要的身体摇摆,否则会增加受伤的风险。

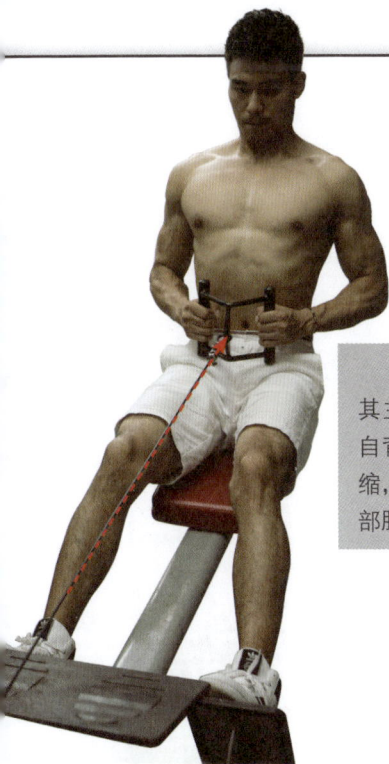

坐姿划船,其主要力量来自背阔肌的收缩,而不是臀部肌肉。

停顿
时间: 2~3秒

26 坐姿卧推 1

锻炼的好处

增强手臂的力量。

训练方法

3~4 组, 10~12 次 / 组。

教练提示

如果肩部有伤病, 建议不要做此运动。

手臂
胸部

正确的运动方法

推起和还原时肩部始终放松, 避免受力, 否则会造成肩部肌肉的参与, 影响胸部的锻炼效果。

注意事项

在向前平推的时候肘关节不要锁死, 否则会在力竭时造成肘关节的损伤。

2 在弯曲手肘的同时, 慢慢地向前平推胸部, 此时胳膊肘弯曲的程度应尽量保持直角。

1 身体呈坐姿坐在器械坐垫上, 双脚踏实地面, 调整座椅的高度, 使推手把柄与胸部上沿高度相同。

三角肌

胸大肌

肱三头肌

腹直肌

解析注释

● 绿色字体为主要锻炼的肌肉
● 黑色字体为次要锻炼的肌肉

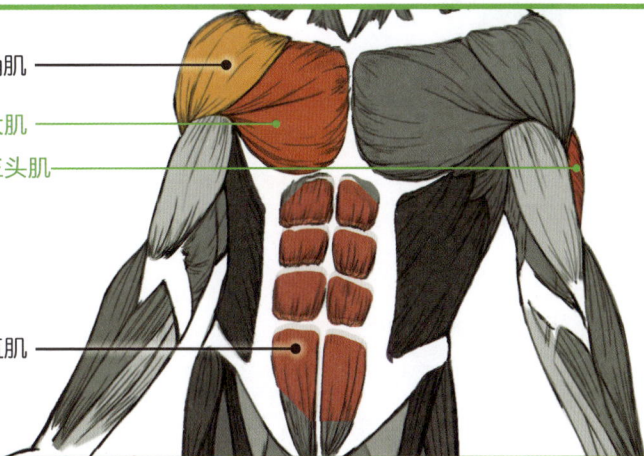

弯曲手肘的程度要尽量接近直角，并且注意不要使手肘高过或低于肩膀，保持一定的速度慢慢地进行动作。

3 胸部肌肉收缩和舒缓时将胸部尽可能地向前方平推，使这部分肌肉获得充分的刺激。

停顿
时间：2~3秒

27

坐姿卧推 2

增强手臂的力量。

训练方法

3~4 组，10~12 次 / 组。

教练提示

如果肩部有伤病，建议不要做此运动。

手臂
胸部

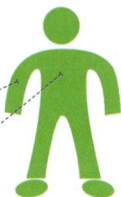

正确的运动方法

推起和还原时肩部始终放松，避免受力，否则会造成肩部肌肉的参与，减少胸部的锻炼效果。

注意事项

在推起重量的时候肘关节不要伸直，否则会在力竭时造成肘关节的损伤。

2 挺胸收腹，眼睛平视，双手握紧握把，感觉胸部发力，将重量推起。

1 将器械的座椅调整到合适的高度，标准为握把的高度对准中胸位置，然后调整重量，坐到座椅上后，头部、上背部和臀部紧贴座椅靠背，腰部向前收紧。

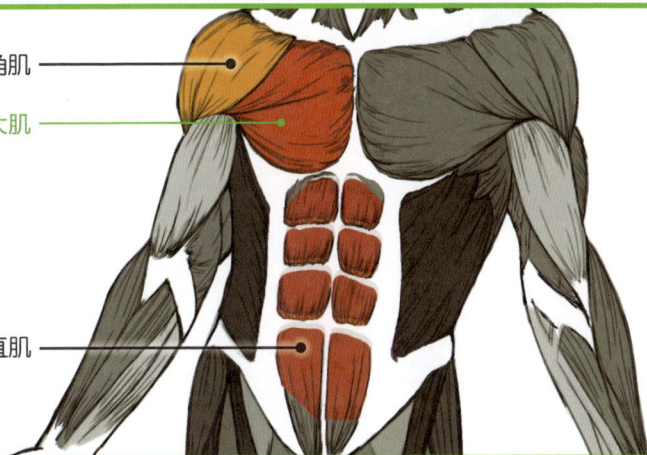

解析注释

● 绿色字体为主要锻炼的肌肉
● 黑色字体为次要锻炼的肌肉

三角肌

胸大肌

腹直肌

停顿

时间：2~3秒

4 之后停顿 1 秒，然后还原到两个大臂成一条直线的时候再次发力。反复进行练习。

始终保持眼睛平视。

3 推到顶点的时候肘关节不要完全伸直，避免关节锁死给肘关节带来过大压力。

28 坐姿卧推（低位）

锻炼的好处

增强手臂的力量。

训练方法

3~4组，10~12次/组。

教练提示

如果肩部有伤病，建议不要做此运动。

手臂
胸部

正确的运动方法

推起和还原时肩部始终放松，避免受力，否则会造成肩部肌肉的参与，影响胸部肌肉的锻炼效果。

注意事项

在推起重量的时候肘关节不要伸直，否则会在力竭时造成肘关节的损伤。

停顿

时间：2~3秒

2 挺胸收腹，眼睛平视，双手握紧握把，感觉胸部发力，将重量推起，推到顶点的时候肘关节不要完全伸直。

1 将器械的座椅调整到合适的高度，标准为握把的高度与中胸的高度相同，然后调整重量，保持头部、上背部和臀部紧贴座椅靠背，腰部向前收紧。

三角肌

胸大肌

胸大肌下侧

腹直肌

解析注释

● 绿色字体
为主要锻炼
的肌肉
● 黑色字体
为次要锻炼
的肌肉

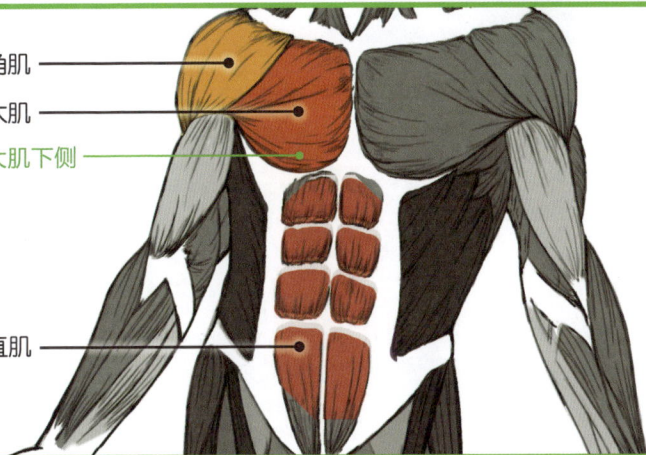

推胸过程靠我们的意识想象胸部发力的感觉，因为开始练习的时候，即使动作标准，发出来的力也是分散的，所以要靠大脑控制将发力点放到胸上，才能有效地锻炼到胸大肌。

3 动作顶峰稍作停顿之后，还原到两个大臂成一条直线的时候再次发力。反复进行练习。

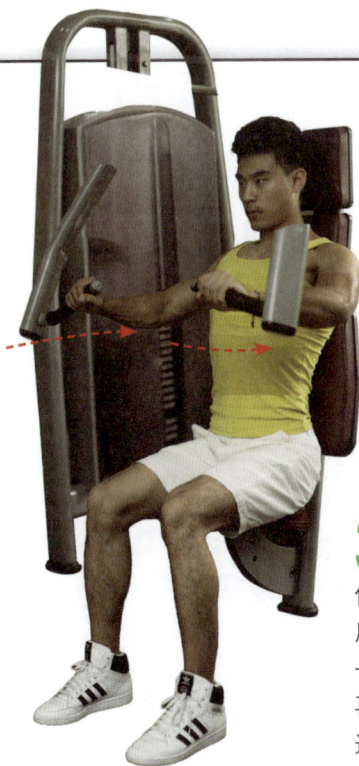

29 坐姿卧推（高位）

锻炼的好处

增强手臂的力量。

训练方法

3~4组，10~12次/组。

教练提示

如果肩部有伤病，建议不要做此运动。

手臂
胸部

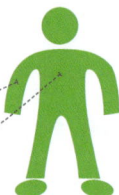

正确的运动方法

推胸过程靠我们的意识想象胸部发力的感觉，因为练习初期，即使动作标准，发出来的力也是分散的，所以要靠大脑控制将发力点放到胸上，才能有效地锻炼到胸大肌。

注意事项

避免双臂后伸的幅度过大会导致肩袖损伤。

2 挺胸收腹，眼睛平视，双手握紧握把，感觉胸部发力，将重量推起。

POINT

腰部向前收紧。

1 将器械的座椅调整到合适的高度，标准为握把的高度与胸部上沿的高度相同，然后调整重量，坐到座椅上后，头部、上背部和臀部紧贴座椅靠背，腰部向前收紧。

解析注释

- 绿色字体为主要锻炼的肌肉
- 黑色字体为次要锻炼的肌肉

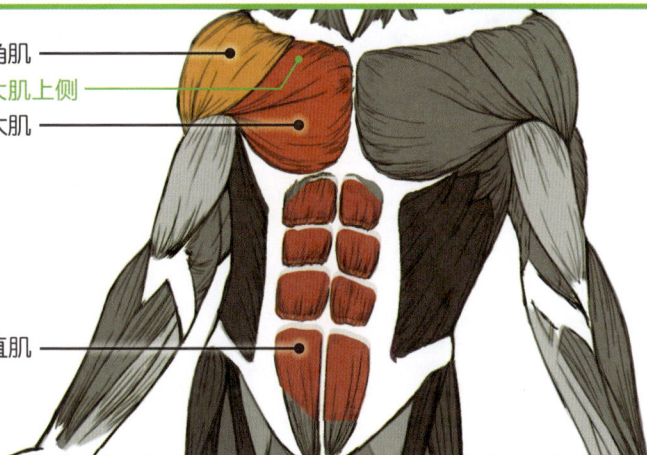

三角肌

胸大肌上侧

胸大肌

腹直肌

3 推到顶点之后稍作停顿，还原到两个大臂成一条直线的时候再次发力。反复进行练习。

练习初期，容易发力分散，因此推胸过程中要靠锻炼者的意识想象胸部发力的感觉，将发力点放到胸上，才能有效地锻炼到胸大肌。

停顿

时间：2~3秒

38 坐姿卧推（中位）

锻炼的好处

增强手臂的力量。

训练方法

3~4 组，10~12 次 / 组。

教练提示

如果肩部有伤病，建议不要做此运动。

手臂
胸部

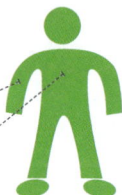

正确的运动方法

推起和还原时肩部始终放松，避免受力，否则会造成肩部肌肉的参与，影响胸部的锻炼效果。

注意事项

避免双臂后伸的幅度过大而导致肩袖损伤。

2 挺胸收腹，眼睛平视，双手握紧握把，感觉胸部发力，将重量推起。

1 将器械的座椅调整到合适的高度，标准为握把的高度与中胸的高度相同，然后调整重量，坐到座椅上后，头部、上背部和臀部紧贴座椅靠背，腰部向前收紧。

三角肌

胸大肌

腹直肌

解析注释

● 绿色字体
为主要锻炼
的肌肉
● 黑色字体
为次要锻炼
的肌肉

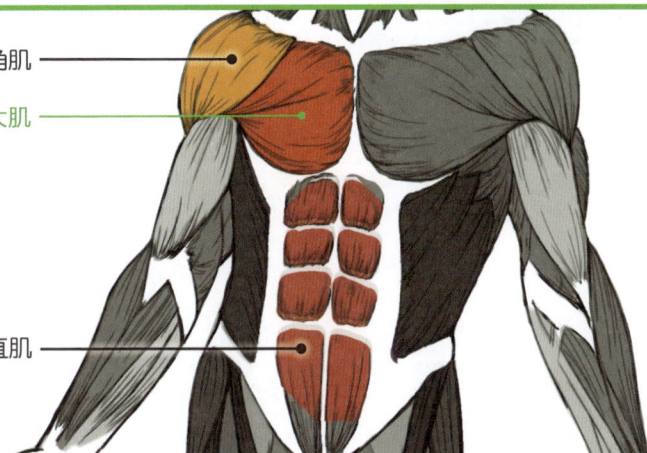

坐姿推胸是初级健身爱好者的首选，训练水平高的可以在自由重量练习后，再做3~4组大重量的坐姿推胸练习，将胸部完全练习到力竭，对增肌会有很大的帮助。

3 推到顶点之后停顿1秒，还原到两个大臂成一条直线的时候再次发力，反复进行练习。

31

绳索下拉

锻炼的好处

增强手臂的力量。

训练方法

3~4 组，10~12 次 / 组。

教练提示

如果肩部有伤病，建议不要做此运动。

手臂
胸部

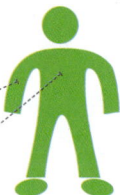

正确的运动方法

　　我们做站立动作时一般会要求双脚分开，且与肩膀同宽，其目的在于保持身体平衡，增加身体的稳定性。

　　动作路线为上下移动，最后至肘关节微屈即可。

注意事项

　　避免双臂后伸的幅度过大而导致肩袖损伤。

POINT

双手并排，掌心相对。

1 站在器械前，双手并排抓住缆绳附件。保持在垂直位置，掌心相对。

解析注释

- 绿色字体为主要锻炼的肌肉
- 黑色字体为次要锻炼的肌肉

肱三头肌

腹直肌
腕屈肌

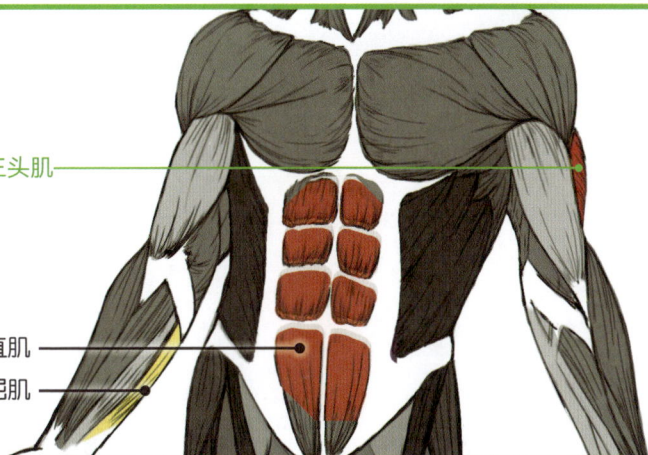

谨记动作路线为上下移动，防止肩内转，最后至肘关节微屈即可。

2 用三头肌向下压，直至肘关节伸展至微屈（不能锁死肘关节，否则会对肘关节造成压力），然后缓慢还原。重复做。

32 拉力器手臂屈伸

锻炼的好处

增强手臂的力量。

训练方法

3~4 组，10~12 次 / 组。

教练提示

如果肩部有伤病，建议不要做此运动。

手臂
胸部

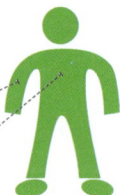

正确的运动方法

在使用拉力器的过程中，要养成使用护掌、握力带、半指手套、护膝、腰带和护腕等保护器材的良好习惯。

运动过程中，上臂要时刻与地面保持垂直。

注意事项

进行拉力器颈后臂屈伸类动作练习时，允许佩带护腰专用皮带。

2 小臂用力向下拉阻力杠。动作下拉时间应为 1 秒，同时需要一定的爆发力。

运动过程中，上臂要时刻与地面保持垂直。

1 两脚分开站立，挺胸收腹紧腰，双手反握拉力器直杆把柄，肘部弯曲，两手间距小于肩宽，肘关节紧贴体侧。

三角肌

胸大肌

肱三头肌

解析注释

● 绿色字体
为主要锻炼
的肌肉
● 黑色字体
为次要锻炼
的肌肉

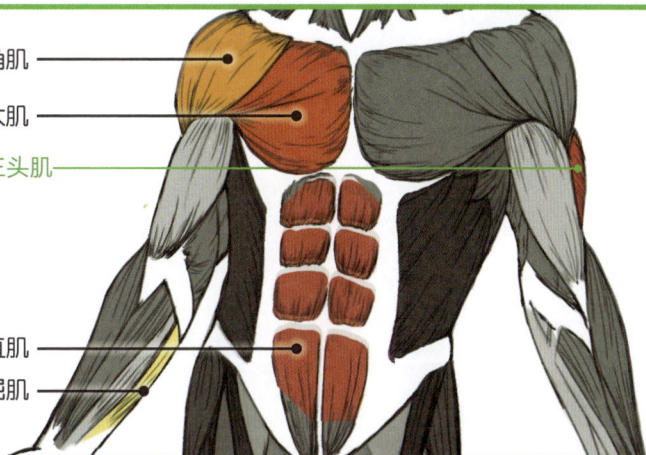

腹直肌

腕屈肌

停顿
时间：2~3 秒

动作的节奏为
快拉慢放。

3 运动的顶峰稍作停顿，充分感觉肱三头肌的控制力。然后缓慢还原，感受肱三头肌一样在用力；动作还原时间为 2~3 秒。重复练习。

33 拉力器下压

锻炼的好处

增强手臂的力量。

训练方法

3~4 组, 10~12 次 / 组。

教练提示

如果肩部有伤病, 建议不要做此运动。

手臂
胸部

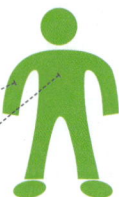

正确的运动方法

在练习拉力器屈臂下压动作之前, 最好做一下仰卧臂屈伸和坐姿臂屈伸动作, 在练习完肌肉的爆发力和绝对力量以后再进行肌肉耐力练习, 这样会提高更快。

注意事项

下压到最底端时, 很多有基础的锻炼者会通过腕外展胳膊, 以充分刺激肱三头肌。

2 控制好肌肉, 小臂用力向下压, 身体不要来回摆动, 上臂始终稳定地垂直于地面。动作下压时间为 1 秒, 同时保持一定的爆发力。

1 两脚分开站立, 挺胸收腹紧腰, 屈臂两手紧握阻力杠两端把柄, 两手间距小于肩宽, 肘关节紧贴体侧。

三角肌

胸大肌

肱三头肌

腹直肌

腕屈肌

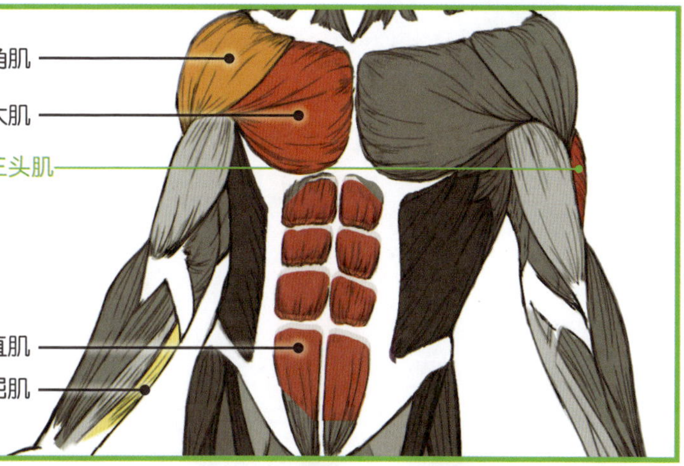

解析注释

- 绿色字体为主要锻炼的肌肉
- 黑色字体为次要锻炼的肌肉

小臂不要来回晃动，否则肱三头肌就会使不上力气，达不到锻炼效果。

停顿
时间：2~3秒

3 使双臂伸直，稍停2~3秒。保持锻炼肌群处于收缩状态。

4 缓慢还原。重复练习。

34 拉力器坐姿弯举

锻炼的好处

增强手臂的力量。

训练方法

3~4组，10~12次/组。

教练提示

如果肩部有伤病，建议不要做此运动。

手臂
胸部

正确的运动方法

注意力始终在上臂屈肌上，而不是在手上。

上臂始终平行于地面。

注意事项

上拉时，上体要保持平直，肘部不要前后摇动。

1 坐在垫子上，双臂展开，双手反握住拉力器上的直杆握把。坐直并保持膝盖略微弯曲。

2 充分弯曲手臂，肘部位置保持不变，向胸部拉动直杆，直到手部与背部齐平。保持肘部、上臂与地面平行。

解析注释

● 绿色字体为主要锻炼的肌肉
● 黑色字体为次要锻炼的肌肉

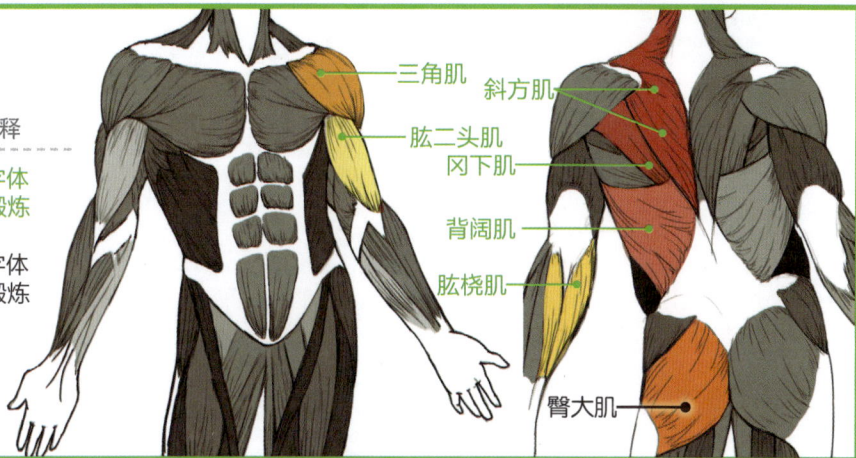

三角肌
斜方肌
肱二头肌
冈下肌
背阔肌
肱桡肌
臀大肌

停顿
时间：2~3秒

POINT

上拉时，上体要保持平直，肘部不要前后摇动。

3 手部与背部保持齐平时，稍作停顿，然后慢慢地回到初始位置。重复动作。

35 拉力器单臂反握下拉

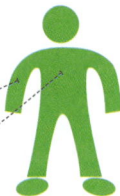

锻炼的好处

增强手臂的力量。

训练方法

3~4 组，10~12 次 / 组。

教练提示

如果肩部有伤病，建议不要做此运动。

手臂
胸部

正确的运动方法

动作下拉时间应为 1 秒，同时需要一定的爆发力；动作还原时间为 2~3 秒，充分感觉肱三头肌的控制力。

注意事项

上臂稳定地垂直于地面，不要随小臂一起上下摆动。

2 拉力器起始位置大概在下巴处。小臂用力向下拉阻力杠。下拉时上臂不要随小臂一起摆动，否则肱三头肌不会用力，就没有锻炼效果。

1 站在器械前，单臂掌心向上反握抓住拉力器手柄。肘部弯曲，肘关节紧贴体侧，尽量与地面保持垂直。

三角肌
胸大肌
肱三头肌

腹直肌
腕伸肌

解析注释

● 绿色字体为主要锻炼的肌肉
● 黑色字体为次要锻炼的肌肉

3 手臂伸直，停留2～3秒；缓慢还原。

停顿
时间：2~3秒

动作下拉时间应为1秒，同时需要一定的爆发力；动作还原时间为2~3秒，充分感觉肱三头肌的控制力。

36 双杠双臂屈伸

增强手臂的力量。

训练方法

3~4 组，10~12 次 / 组。

教练提示

如果肩部有伤病，建议不要做此运动。

手臂
胸部

正确的运动方法

下放速度要慢，并尽量降低。
身体不可随意晃动，要保持平衡。
撑起时速度要快，下放时速度要慢。

注意事项

不要在身体的前后摆动中完成动作。

1 双杆间距最好宽于肩，双手握杠成直臂支撑，挺胸，收腹，两腿伸直，放松呈下垂状。

2 屈肘弯臂，身体下降，直至两臂弯曲降低到最低位置，头部应向前引，两肘外展，使胸大肌充分拉长伸展。

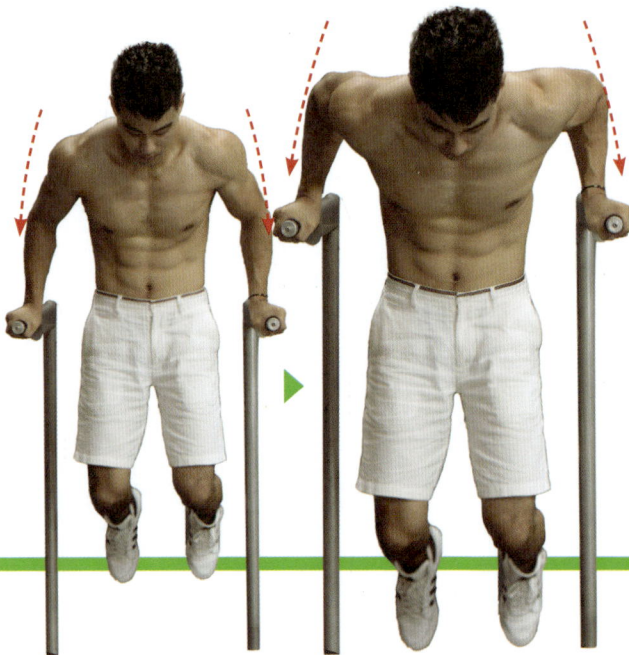

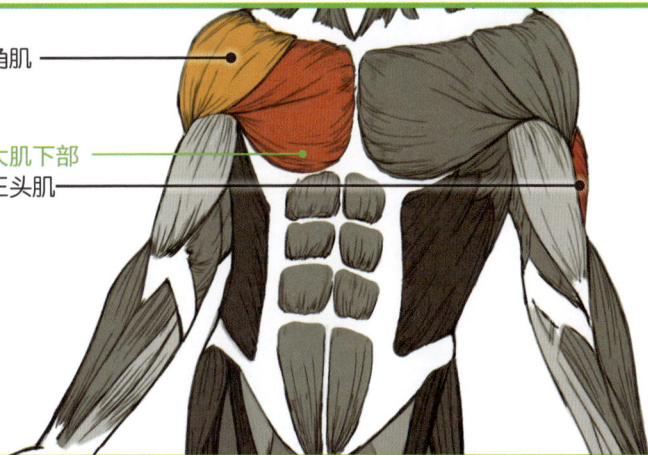

三角肌

解析注释

● 绿色字体
为主要锻炼
的肌肉
● 黑色字体
为次要锻炼
的肌肉

胸大肌下部
肱三头肌

停顿
时间：2~3秒

3 动作要缓慢进行，不要借身体的振摆助力完成动作；撑起时速度要快，挺胸、抬头、收腹、不耸肩；下放时，速度要慢。中间稍作停顿。

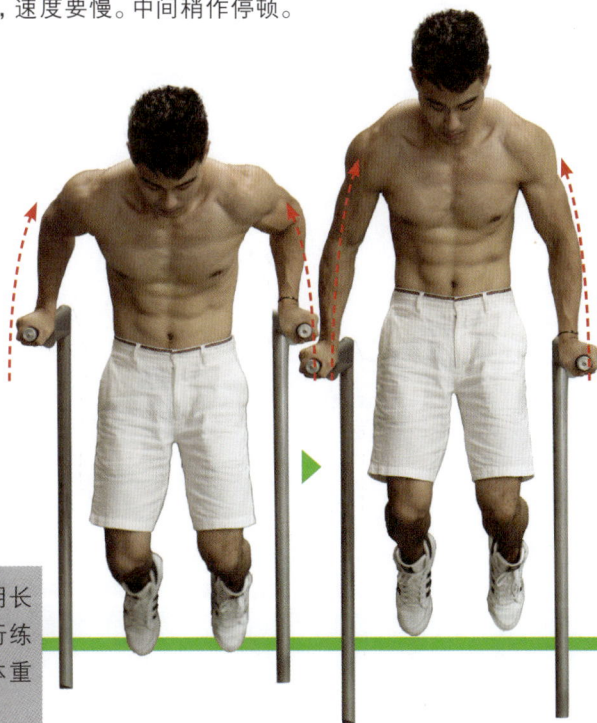

初始练习者力量不佳，可借用长凳、床等生活家具用同样动作进行练习，因为脚能踩到地，可以减低体重负担。

37 坐姿杠铃颈后推举

锻炼的好处

增强手臂的力量。

训练方法

3~4 组，10~12 次 / 组。

手臂
胸部

教练提示

如果肩部有伤病，建议不要做此运动。

正确的运动方法

初级健身者进行该动作锻炼时应选择能控制的小重量，锻炼初期建议在史密斯机上来完成更安全。中高级健身者在无人保护的情况下冲击大重量，使用史密斯机也更有安全保障。

注意事项

动作过程中，上体始终保持挺直，不要借助上体摆动或躯干屈伸的力量。

引出的图为正面角度演示图

2 持铃向上推起至头顶后上方，直至两臂完全伸直为止。推举过程中要保持肘部和手位于同一平面，两手肘关节应向两侧张开，并尽量向后。

1 采用坐姿，背部紧靠座椅，两手持铃置于颈后肩上，上体保持挺胸收腹紧腰的姿势。

解析注释

● 绿色字体为主要锻炼的肌肉
● 黑色字体为次要锻炼的肌肉

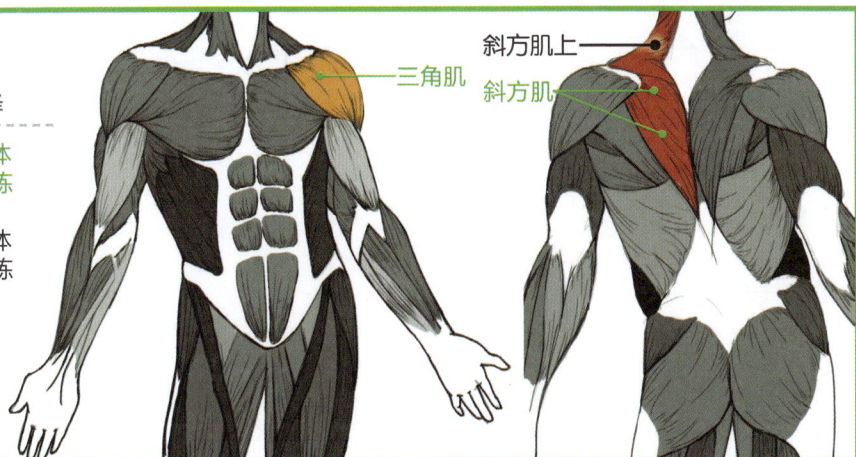

三角肌

斜方肌上
斜方肌

3 推杠铃至头顶时,停留2~3秒,再慢慢放下还原。放下负重时尽可能向下,然后再开始重复。动作过程中上体始终保持挺直,不要借助上体摆动或躯干屈伸的力量。

38 宽握坐姿下拉背

锻炼的好处

增强手臂的力量。

训练方法

3~4 组，10~12 次 / 组。

手臂
胸部

教练提示

如果肩部有伤病，建议不要做此运动。

正确的运动方法

下拉的时候肩部肌群要放松，动作还原时不要耸肩，否则会影响背阔肌的受力；身体不要前后摆动，要始终保持与地面垂直的状态。

注意事项

在动作还原时不要处于完全放松状态，这样容易造成肩关节和腕关节的损伤。

2 从头上方位置垂直下拉横杠至颈后与肩平，或者从头上方位置垂直下拉横杠至胸前。不要明显向后倾斜身体。

POINT

下拉的时候肩部肌群要放松。

1 坐在拉背练习机的固定座位上，两手按握距和握法要求分别握住上方横杠两端的把柄。

解析注释

● 绿色字体
为主要锻炼
的肌肉
● 黑色字体
为次要锻炼
的肌肉

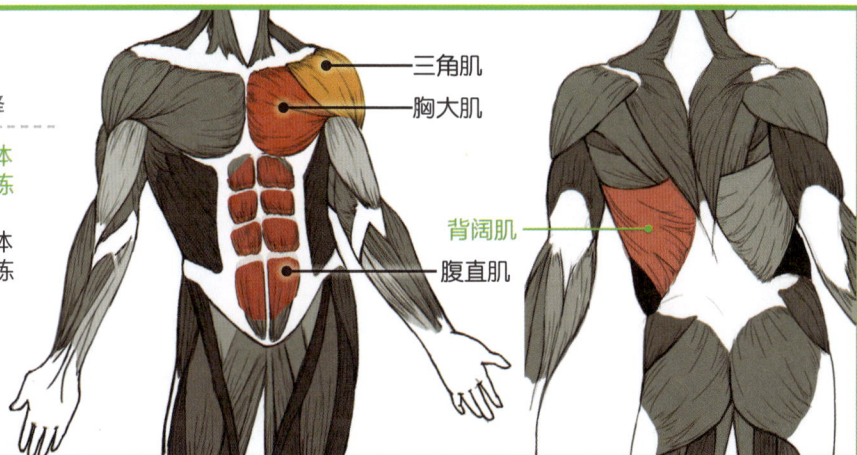

三角肌

胸大肌

背阔肌

腹直肌

停顿
时间：2~3秒

动作还原时不要耸肩。

3 停留 2~3 秒；背阔肌控制力量而不是完全放松力量，沿原路缓慢还原。重复做此练习。

39 坐姿肩上推举 1

锻炼的好处

增强手臂的力量。

训练方法

3~4 组，10~12 次 / 组。

教练提示

如果肩部有伤病，建议不要做此运动。

手臂
胸部

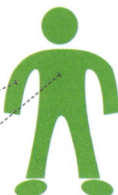

正确的运动方法

坐姿肩上推举训练器大多数是双轴的，所以在训练时左右肩部尽量同时收缩和伸展，训练时正前方最好有镜子可以照。

注意事项

肩部收缩时（双手举过头顶时）不要耸肩，肘关节不可以超伸。

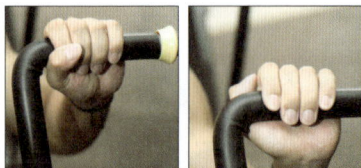

2 双手慢慢举过头顶，要保持腰腹收紧，不可摇晃躯干。

可以有不同的握把方式。

1 双脚要踩实地面，头、颈椎至尾椎贴紧座椅靠背；双手反手握把位，在器械处于静止状态下，双肘指向地面，把手正好在略高于肩部的两侧为宜。

三角肌

解析注释

● 绿色字体
为主要锻炼
的肌肉
● 黑色字体
为次要锻炼
的肌肉

胸大肌

腹直肌

停 顿
时间：2~3 秒

3 双手举过头顶，肩部收缩时不要耸肩。
停留 2~3 秒，逐渐还原。重复做。

注意左右肩同时收缩
和舒展。

40 坐姿肩上推举 2

锻炼的好处

增强手臂的力量。

训练方法

3~4组，10~12次/组。

教练提示

如果肩部有伤病，建议不要做此运动。

手臂
胸部

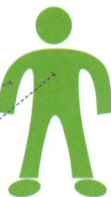

正确的运动方法

坐姿肩上推举训练器大多数是双轴的，所以在训练时左右肩尽量同时收缩和伸展，训练时正前方最好有镜子可以照。

注意事项

肩部收缩时（双手举过头顶时）不要耸肩，肘关节不可以超伸。

2 双手慢慢举过头顶，要保持腰腹收紧，不可摇晃躯干。双手举过头顶，肩部收缩时不要耸肩。

1 双脚要踩实地面，头、颈椎至尾椎贴紧座椅靠背；双手正向握把位，在器械处于静止状态下，双肘指向地面，把手正好在略高于肩部的两侧为宜。

三角肌

胸大肌

腹直肌

解析注释

● 绿色字体为主要锻炼的肌肉
● 黑色字体为次要锻炼的肌肉

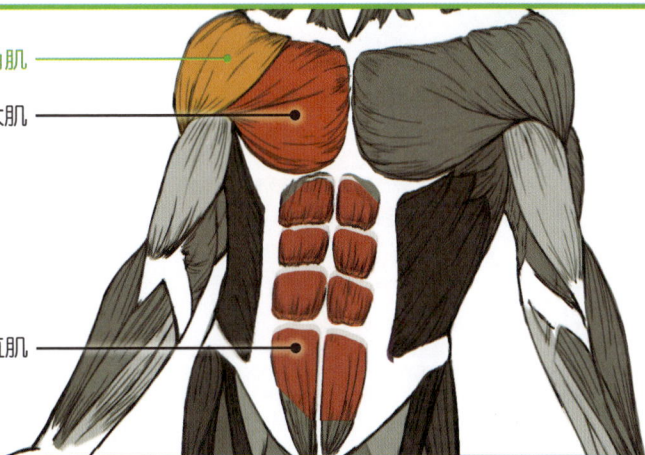

3 停留 2~3 秒，缓慢还原。重复做。注意上体要保持平直，肘部不要前后摇动。

停顿
时间：2~3 秒

坐姿推肩

锻炼的好处

增强手臂的力量。

训练方法

3~4 组，10~12 次 / 组。

手臂
胸部

教练提示

如果肩部有伤病，建议不要做此运动。

正确的运动方法

坐姿肩上推举训练器大多数是双轴的，所以在训练时左右肩尽量同时收缩和伸展，训练时正前方最好有镜子可以照。

注意事项

肩部收缩时（双手举过头顶时）不要耸肩肘关节不可以超伸。

停顿

时间：2~3 秒

2 向上推举器械，直到手臂几乎完全伸直（肘关节不能锁死）。上体要保持平直，肘部不要前后摇动。

把手略高于双肩两侧。

1 双脚要踩实地面，头、颈椎至尾椎贴紧座椅靠背，双手向外握住扶把。双肘指向地面，把手正好在略高于肩部的两侧为宜。

解析注释

● 绿色字体为主要锻炼的肌肉
● 黑色字体为次要锻炼的肌肉

斜方肌

三角肌

胸大肌

肱三头肌

肱二头肌

3 在动作顶端时稍作停留，慢慢还原，直到肘部略低于肩膀。

POINT

身体和头部始终保持平稳，这有利于双手同时用力。

手臂拉伸到最大距离时稍作停顿，保持平稳的呼吸，动作要连续不间断。避免不必要的身体摇摆，否则会增加受伤的风险。

42 弹力绳俯身臂屈伸

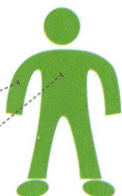

锻炼的好处

增强手臂的力量。

训练方法

3~4 组, 10~12 次 / 组。

手臂
胸部

教练提示

如果背部有伤病, 建议不要做此运动。

正确的运动方法

用力踩好弹力绳, 踩的位置要准确, 以确保安全。

双脚间距与髋部同宽。

上身与地面成 45 度角。

注意事项

避免双臂后伸的幅度过大, 否则会导致肩袖损伤。

2 两手持手柄放在身体两侧, 上臂收在身体两侧, 将弹力绳向身后两侧拉动。

上身与地面呈 45 度角。

1 将弹力绳踩在脚下, 两脚分开与髋同宽站立, 俯身与地面大约呈 45 度角。

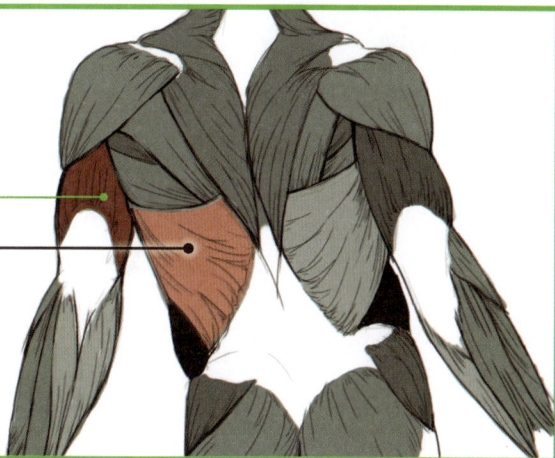

解析注释

● 绿色字体为主要锻炼的肌肉
● 黑色字体为次要锻炼的肌肉

肱三头肌

背阔肌

停顿

时间: 2~3秒

3 将弹力绳拉至不能拉动的位置, 在动作顶峰时稍作停顿, 使用力肌肉保持紧张状态, 然后还原。

POINT

避免双臂后伸的幅度过大, 否则会导致肩袖损伤。

此练习也可使用长绳, 根据自己力量的大小来选择阻力。

43 杠铃硬拉

锻炼的好处

增强手臂和腿部的力量。

训练方法

3~4组，10~12次/组。

手臂
胸部
大腿

教练提示

如果腰部有伤病，建议不要做此运动。

正确的运动方法

尽量使铃杆靠近身体。杠铃的理想轨道是笔直向上。

双手交替地抓住杠铃，这样能更牢固、更容易地做硬拉动作。

注意事项

如果动作很快，要避免杠铃触地弹起。

2 弯曲膝盖与髋部，臀部向后移动，背部挺直，面向前看，一直到杠铃低于膝盖下方位置，然后稍作停顿。

保持杠铃贴近身体。

停顿
时间: 2~3秒

1 站立，双手握紧杠铃，握距与肩同宽，保持双臂伸直，并放在大腿前。

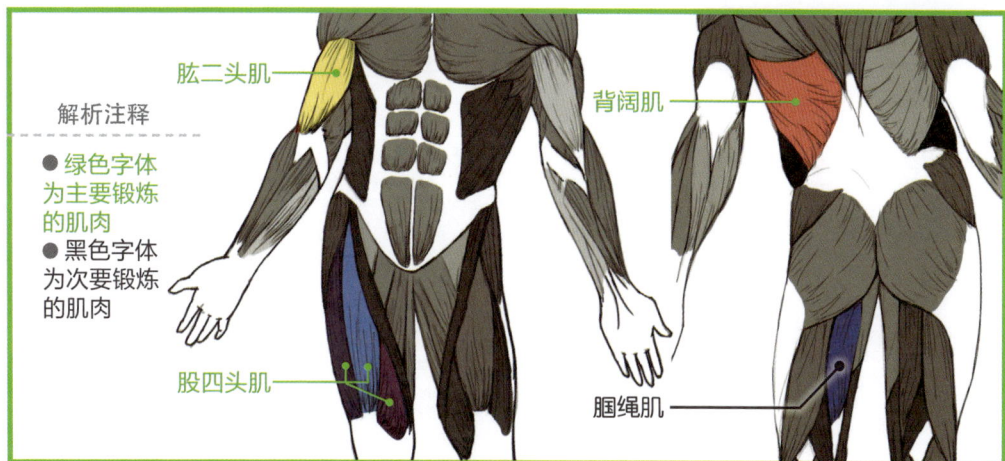

肱二头肌

背阔肌

解析注释

● 绿色字体为主要锻炼的肌肉
● 黑色字体为次要锻炼的肌肉

股四头肌

腘绳肌

在最高点的时候，不要完全站直，背部也不要收缩。

3 膝关节微屈，其弯曲幅度在整个动作过程中保持不变。拉到最高点时，双肩尽量外展，抬头挺胸，稍作停留。重复动作。

44 史密斯机直腿硬拉

锻炼的好处

增强腿部的力量。

训练方法

3~4 组，10~12 次 / 组。

教练提示

如果腰部有伤病，建议不要做此运动。

手臂
胸部
大腿

正确的运动方法

提杠铃时不能含胸弓腰，要抬头，腰背要绷紧，上体始终保持紧张状态，否则容易损伤腰椎。

注意事项

提拉杠铃至极限时腰背不要后仰，意念要始终在后背部。

2 弯曲髋关节，降低躯干。挺胸，腰背绷紧，翘臀，上体前倾约 45 度。

1 站立抓握杠铃，保持双臂伸直，杠铃停留在大腿前。

解析注释

● 绿色字体为主要锻炼的肌肉
● 黑色字体为次要锻炼的肌肉

臀大肌

股二头肌

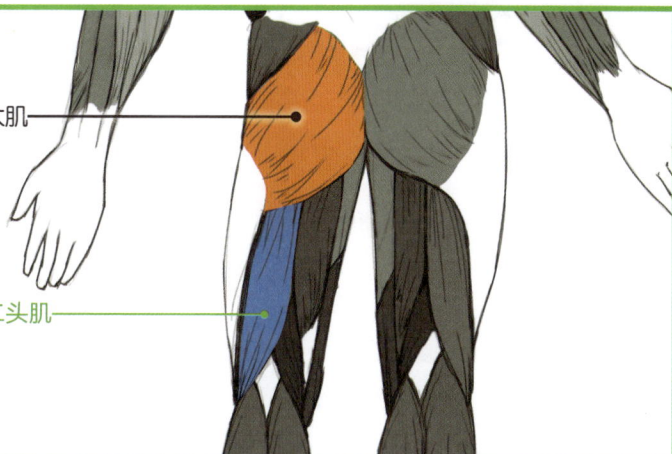

3 膝关节微屈，其弯曲幅度在整个动作过程中保持不变。向上拉起杠铃，拉到最高点时，双肩尽量外展，抬头挺胸，稍作停留，然后屈膝缓慢下降。重复动作。

停顿
时间：2~3秒

向上拉动杠铃，这时可以感觉到腘绳肌的强烈收缩，在意念中体会这种感觉，慢慢拉起负荷，在最高点的时候，不要完全站直，背部也不要收缩。

45 杠铃片体侧屈

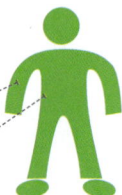

锻炼的好处

增强腰部的力量。

训练方法

3~4组，10~12次/组。

教练提示

如果肩部有伤病，建议不要做此运动。

手臂
腹肌

正确的运动方法

手臂尽量不要发力，杠铃片顺着大腿侧面的线条再次向上，同时保持上半身竖直，回到初始状态。

注意事项

有控制地侧屈，选择合适的负重，注意不要扭伤腰腹。

停顿

时间：2~3秒

2 保持胸部朝向正前方，将杠铃片顺着大腿侧面的线条向下，同时弯曲上半身。

1 双手抓住杠铃片，面向正前方站直。双脚分开，与肩同宽。双臂整齐地下垂贴于体侧。

3 注意身体下落的时候要慢一点，下落至最低点用时在2秒最好。

解析注释

● 绿色字体
为主要锻炼
的肌肉
● 黑色字体
为次要锻炼
的肌肉

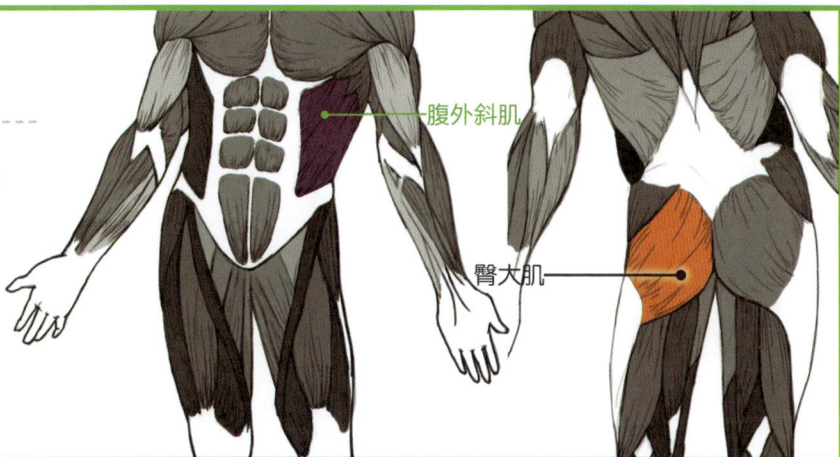

腹外斜肌

臀大肌

5 手臂拉伸到最大距离时，稍作停顿，保持平稳的呼吸，动作要连续不间断。避免不必要的身体摇摆，否则会增加受伤的风险。

4 身体起来的时候要快一点，尽量用时在1秒。一组动作里要尽可能保持慢下快起的频率。

46 斜托臂杠铃弯举

锻炼的好处

增强手臂的力量。

训练方法

3~4组, 10~12次/组。

手臂
腹直肌
大腿

教练提示

如果肩部有伤病, 建议不要做此运动。

正确的运动方法

为了减小手腕关节的压力, 最好选择曲柄杠铃, 手臂向上抬起时身体一定要保持稳定, 避免向身体借力。

注意事项

当双臂完全伸展时, 托板的倾斜角度可对双臂产生非常大的张力, 切记正确热身, 并以适度的负荷开始练习。

1 通过斜面的皮垫固定住手臂和上身, 双手反握曲杆杠铃。

2 用力拉起杠铃达到最高点后缓慢落回原位。注意手臂要略弯曲, 不要用臀部给力, 力量集中在二头肌上。

停顿

时间: 2~3秒

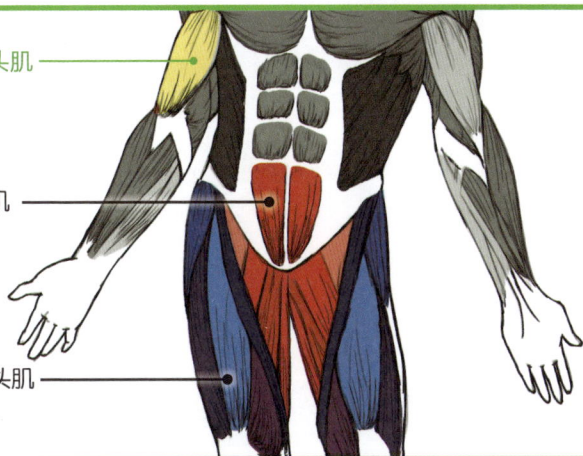

肱二头肌

解析注释

● 绿色字体
为主要锻炼
的肌肉
● 黑色字体
为次要锻炼
的肌肉

腹直肌

股四头肌

POINT

反握杠铃臂弯举，可以更多地锻炼肱二头肌下方的肱肌，这块肌肉承载力的增加可增加整个手臂的力量。

斜托臂杠铃与哑铃比较：斜托臂杠铃弯举可以最大限度地伸展肱二头肌，与哑铃相比，杠铃能让两手受力更加均匀。

罗马椅侧倾

锻炼的好处

增强腰部的力量。

训练方法

3~4 组，10~12 次 / 组。

教练提示

如果腰部有伤病，建议不要做此运动。

腰部
髋部

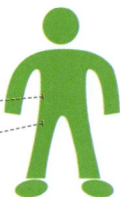

正确的运动方法

在动作过程中，参与的主动肌肉是臀和大腿后部，背部肌肉并不能得到有效安全的锻炼。

注意事项

不要使用罗马椅锻炼臀大肌和腘绳肌（大腿后侧）。

1 侧躺于罗马椅上，调整罗马椅高度，让上半身能以髋关节当转轴舒适地向地面移动。双腿要固定好。

2 缓慢地尽可能向地面侧倾身体。动作过程中注意不可让身体向前或向后倾。

腰椎要承受巨大压力，锻炼时需谨慎。

停顿
时间：2~3 秒

解析注释

● 绿色字体为主要锻炼的肌肉
● 黑色字体为次要锻炼的肌肉

斜肌

髋部屈肌

双腿固定好，身体向下侧弯约45度。

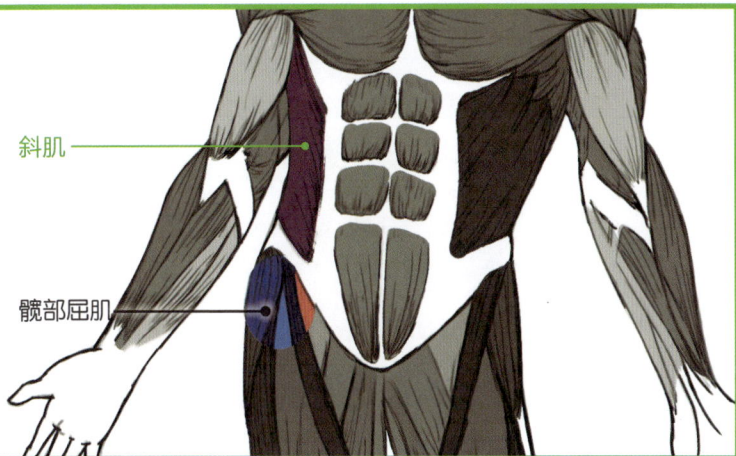

3 在身体完全伸展时停止，并稍作停留，保持平稳的呼吸，然后温和地把身体抬高至开始的位置。完成一侧后重复另外一侧。

48

罗马椅侧倾（负重）

锻炼的好处

增强腰部的力量。

训练方法

3~4 组，10~12 次 / 组。

腰部
髋部

教练提示

如果腰部有伤病，建议不要做此运动。

正确的运动方法

在动作过程中，参与的主动肌肉是臀肌和大腿后部肌肉，背部肌肉并不能得到有效安全的锻炼。

注意事项

侧倾的时候要尽力而为，避免腰部受到损伤。

这个动作最好在罗马椅上实施，因为其可以安全有效地固定脚部。当然也可以在板凳上实施，但需要有同伴固定你的脚部。

2 缓慢地尽可能向地面侧倾身体。动作过程中注意不可让身体向前或向后倾。

1 侧躺于罗马椅上，调整罗马椅高度，让上半身能以髋关节当转轴舒适地向地面移动。

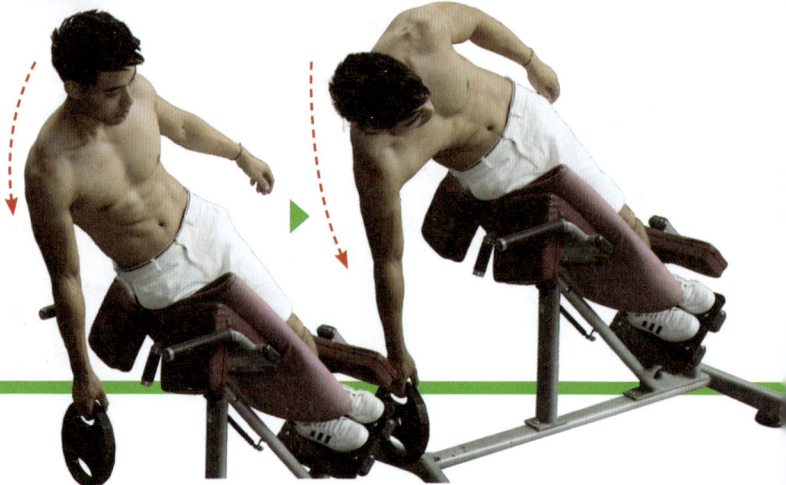

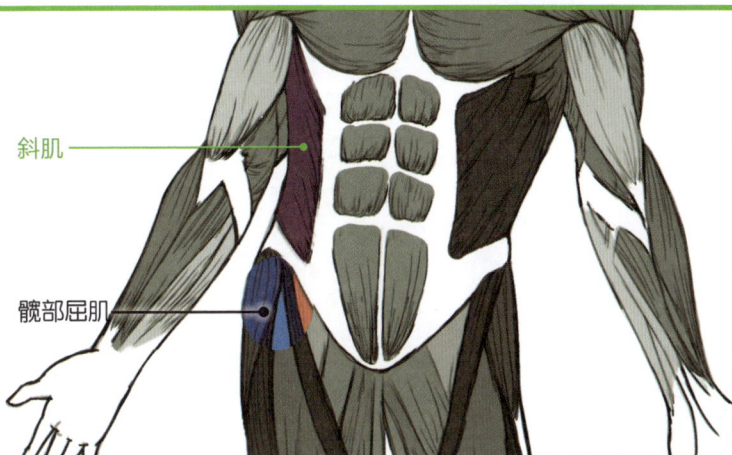

解析注释

- 绿色字体为主要锻炼的肌肉
- 黑色字体为次要锻炼的肌肉

斜肌

髋部屈肌

3 在身体完全伸展时停止，然后温和地把身体抬高至开始的位置，完成一侧后重复另外一侧。

手臂拉伸到最大距离时稍作停顿，保持平稳的呼吸，动作要连续不间断。避免不必要的身体摇摆，否则会增加受伤的风险。

停顿
时间：2~3秒

49 罗马椅挺身

锻炼的好处

增强腰部背部的力量。

训练方法

3~4 组，10~12 次 / 组。

教练提示

如果腰部有伤病，建议不要做此运动。

背部
臀部

正确的运动方法

当返回到起始位置时，不要弓起背部上方。

- - - - - - - -

注意事项

如果身体向下降得太低或者速度控制不当，都会引起腰椎的损伤。

①

1 双脚踩在器械的踏板上，双腿伸直贴于器械下端，身体趴在器械上端的位置。

②

该动作练习腰部的强度一般不会很大，如果腰部酸了，身体自然就起不来了，所以不用担心安全问题。

2 双手放到异侧的肩上，眼睛始终往前看，颈部连同身体挺直，准备开始动作，然后慢慢下腰。

停顿
时间：2~3 秒

③

H	训练难度	★★
A	锻炼效果	★★
T	肌肉群范围	★★

解析注释

● 绿色字体
为主要锻炼
的肌肉
● 黑色字体
为次要锻炼
的肌肉

竖脊肌

臀大肌

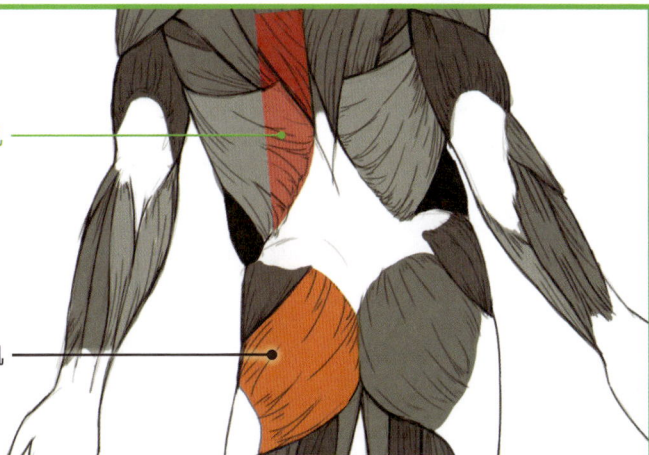

3 身体下到与地面水平
的位置，用腰部的力量再
挺直身体。之后反复进行
练习。

④

一般款式的罗马椅不需要
太多调试，只需要根据自己的身
高调整罗马椅的高度就可以了。

⑤

⑥

50 罗马椅挺身（负重）

锻炼的好处

增强背部的力量。

训练方法

3~4 组，10~12 次 / 组。

教练提示

如果腿部有伤病，建议不要做此运动。

背部
臀部

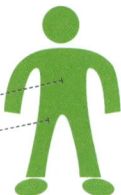

正确的运动方法

当返回到起始位置时，不要弓起背部上方。

注意事项

如果身体向下降得太低或者速度控制不当，都会引起腰椎的损伤。

①

1 双脚踩在器械的踏板上，双腿伸直贴于器械下端，身体趴在器械上端的位置。

②

2 双手抱起哑铃片，眼睛始终往前看，颈部连同身体挺直，准备开始动作时，慢慢下腰。

③

停顿
时间：2~3 秒

解析注释
● 绿色字体
为主要锻炼
的肌肉
● 黑色字体
为次要锻炼
的肌肉

竖脊肌

臀大肌

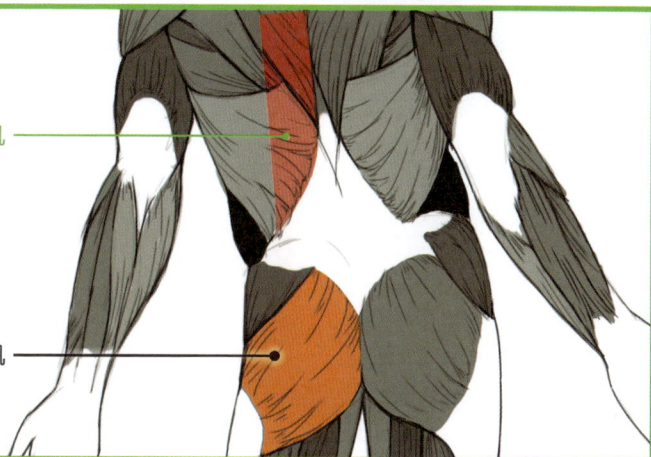

3 身体下到与地面水平的位置，用腰部的力量再挺直身体。之后反复进行练习。

④

POINT

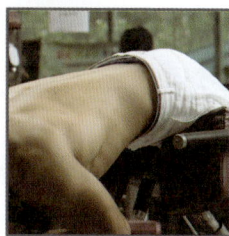

负重练习，这个动作要慢点做，否则容易伤到脊柱。

注意身体下落时要慢一点，下到最低点的理想用时为2秒；身体起来的时候要快一点，尽量用1秒。一组里要尽可能保持慢下快起的节奏。

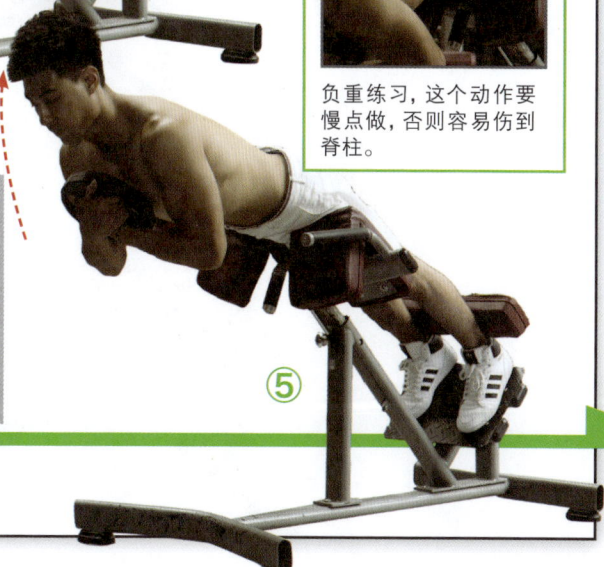

⑤

下斜板仰卧起坐

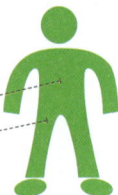 **锻炼的好处**

增强腰部的力量。

训练方法

3~4 组，18~20 次 / 组。

背部
臀部

教练提示

如果腿部有伤病，建议不要做此运动。

 **正确的运动方法**

要集中训练腹肌时脚最好不要用力，训练时还可以增加腹肌板斜度。

注意事项

臀部不要离开腹肌板。
不要挺直背部做仰卧起坐。

1 仰卧于斜板上，双腿屈膝，两脚勾于器械踏板下方，双臂抱于胸前。

2 用力将上身向上抬起，眼睛始终往前看，直到上身与双腿垂直。整个过程中大腿要保持静止。

注意身体下落时要慢一点，下到最低点的理想用时为 2 秒；身体起来的时候，要快一点，尽量在 1 秒内完成。

解析注释

● 绿色字体为主要锻炼的肌肉

● 黑色字体为次要锻炼的肌肉

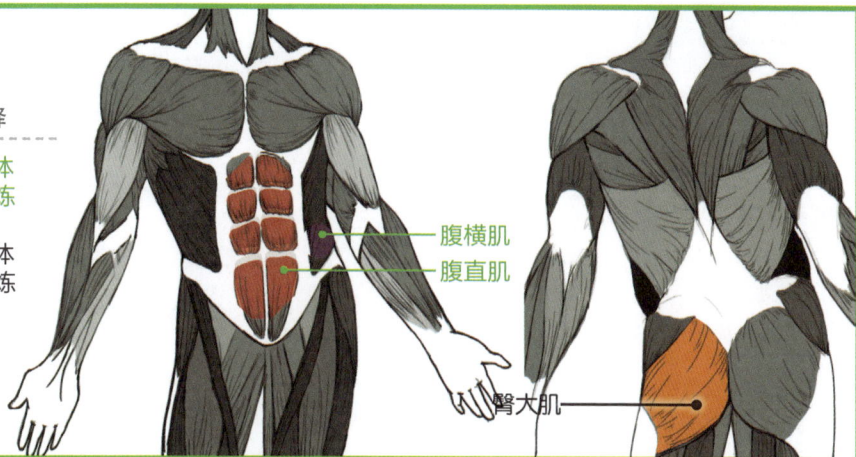

腹横肌
腹直肌
臀大肌

练习过程中,上半身要有弯曲度。

3 身体下放到起始位置,然后用腰部力量再次将上身抬起。之后反复进行练习。

52 下斜仰卧抬腿

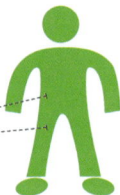

锻炼的好处

增强臀部的力量。

训练方法

3~4 组，18~20 次 / 组。

教练提示

如果腿部有伤病，建议不要做此运动。

腰部
臀部

正确的运动方法

动作过程中并拢和绷直双腿，抬起双腿的幅度最多也不要超过垂直位置，下背部不要离开板凳，否则背部会参与用力。

注意事项

不要利用惯性完成动作，放慢速度依靠腹肌力量来控制动作。

①

1 平躺在垫上或者长平凳上，双手抓住凳上方的把手以保持稳定。上体要与垫子或凳面紧紧贴合，保持双腿双脚并拢。

2 并拢和绷直双腿，然后向上抬起。在动作过程中，上背、臂、手都要保持固定。背部不要离开凳子，否则背部就会参与用力。

②

动作过程中并拢和绷直双腿，抬起双腿的幅度最多也不要超过垂直位置。

③

解析注释

- 绿色字体为主要锻炼的肌肉
- 黑色字体为次要锻炼的肌肉

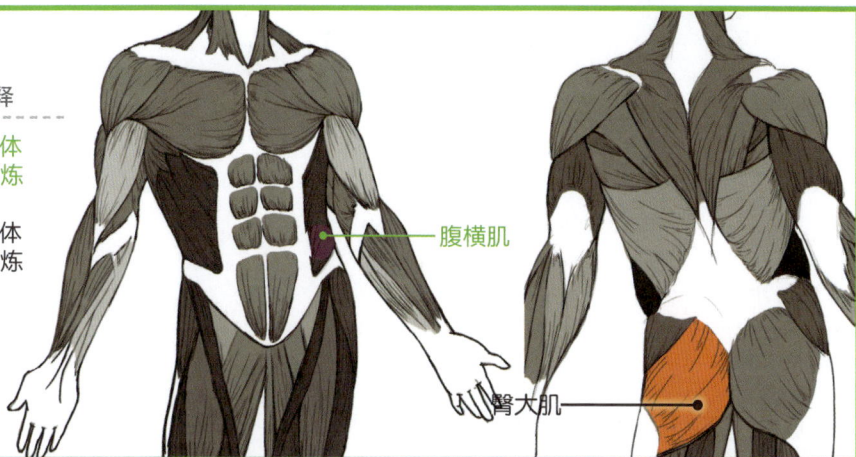

腹横肌

臀大肌

停顿
时间：2~3秒

⑤

④

⑥

3 直到大腿垂直于地面，停顿，复原。重复动作。

复原下放双腿时，不要使其触及地面，以保持腹肌持续紧张。

53 下斜平凳收腹（左）

锻炼的好处

增强背部的力量。

训练方法

3~4 组，10~12 次 / 组。

教练提示

如果背部有伤病，建议不要做此运动。

腰部
臀部

正确的运动方法

运动过程中，双臂完全伸展。力量要集中在腹肌上。

注意事项

不要利用惯性完成动作，放慢速度倚靠腹肌力量来控制动作。

1 仰卧于斜板上，双腿屈膝，两脚勾住器械的辊垫，双手交叉放在脑后。板子下斜角度保持在 45 度或更大。

2 眼睛始终往前看，颈部连同身体挺直。腹肌收缩用力，使上身上抬，并慢慢向左弯腰。

停顿

时间：2~3 秒

解析注释

- 绿色字体为主要锻炼的肌肉
- 黑色字体为次要锻炼的肌肉

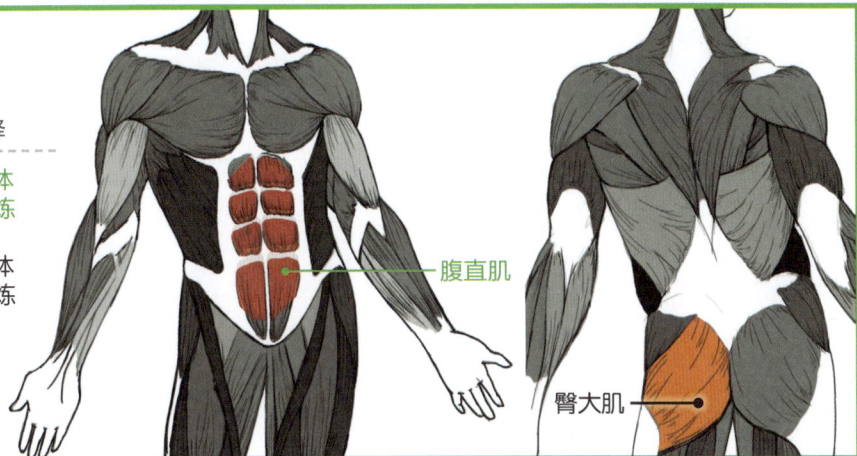

腹直肌

臀大肌

3 稍作停顿后身体还原到起始位置，用腰部力量再次将上身抬起。之后反复进行练习。

　　不要用脚借力，也不要利用惯性完成动作，力量要集中在腹肌上。
　　可以5次为一组，共做3组，每组间隔1分钟。量力而行。

54 下斜平凳收腹（右）

锻炼的好处

增强背部的力量。

训练方法

3~4组，10~12次/组。

背部
腹部

教练提示

如果背部有伤病，建议不要做此运动。

正确的运动方法

运动过程中，双臂完全伸展。力量要集中在腹肌上。

注意事项

不要利用惯性完成动作，放慢速度倚靠腹肌力量来控制。

2 双手交叉放在后脑勺上，眼睛始终往前看，颈部连同身体挺直。腹肌收缩用力，使上体上抬，然后慢慢向右弯腰。

1 双脚勾住辊垫，双腿伸直，身体躺到器械上端的位置。板子下斜角度保持在45度或更大，确保脚部在辊垫下。

停顿

时间：2~3秒

解析注释

- 绿色字体为主要锻炼的肌肉
- 黑色字体为次要锻炼的肌肉

竖脊肌

臀大肌

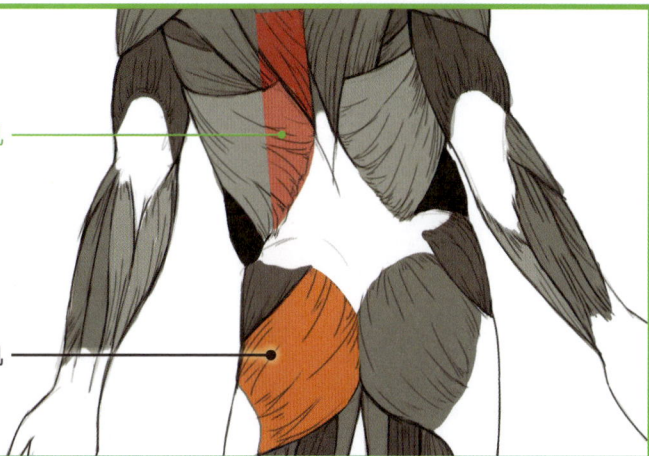

3 稍作停顿后身体下放到与地面水平的位置，然后用腰部的力量再挺直身体。之后反复进行练习。

不要用脚借力，也不要利用惯性完成动作，力量要集中在腹肌上。

55 拉力器背后臂屈伸

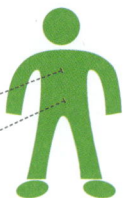

锻炼的好处

增强手臂的力量。

胸部
腹肌

训练方法

3~4组，10~12次/组。

教练提示

如果肩部有伤病，建议不要做此运动。

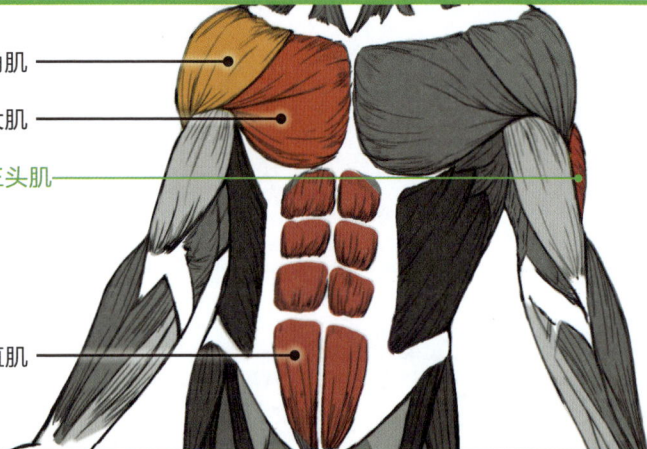

解析注释

● 绿色字体
为主要锻炼
的肌肉
● 黑色字体
为次要锻炼
的肌肉

三角肌

胸大肌

肱三头肌

腹直肌

2 双手握拉力绳把，并与绳把在一条斜线上；保持该动作姿势，拉起配重盘，使肱三头肌受力而被拉伸。

1 调整好站距，背向器械，微屈膝，躯干稍前倾，稳固地站立。双臂上举并尽量使双上臂靠近双耳，屈肘，肘尖垂直上指。

在起始位置上必须保证肱三头肌的受力状态。如果着力点高度不够，也可将拉力线置于肩侧。

56 健腹轮滑动健腹

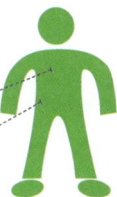

锻炼的好处

增强腰部的力量。

胸部
腹肌

训练方法

3~4组，10~12次/组。

教练提示

如果肩部有伤病，建议不要做此运动。

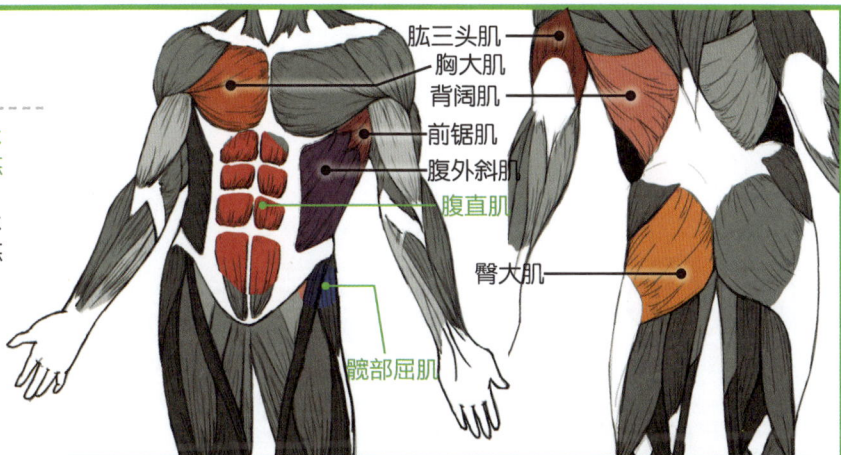

解析注释

● 绿色字体为主要锻炼的肌肉
● 黑色字体为次要锻炼的肌肉

肱三头肌
胸大肌
背阔肌
前锯肌
腹外斜肌
腹直肌
臀大肌
髋部屈肌

1 双膝着地，把健腹轮拿在手中，绷紧臀部，收紧下巴。臀部和大腿保持与地面垂直状态。

运动中必须让背部保持略微的弧度，不要向下凹陷，否则会伤害到下背部。

2 背部呈一定弧度弯曲到最大程度，慢慢下降身体，在身体到达地面之前，持续用力控制整个训练动作。

3 弯曲背部，再回到初始的跪地姿态。

57 史密斯机负重提踵 1

锻炼的好处

增强肩膀的力量。

训练方法

3~4组，10~12次 / 组。

教练提示

如果手臂有伤病，建议不要做此运动。

肩部
胸部
腰部

正确的运动方法

控制重心不要有意前移，否则效果极差。

- - - - - - - - - - - - - - - - - -

注意事项

完成动作时不要屈膝、屈体。

2 将杠铃上提。然后尽可能高地向上提起脚跟，稍停3～4秒。缓慢还原，重复练习。

1 站立在史密斯杠铃架下，杠铃垂于身前，收腹、紧腰、挺胸，身体直立，膝关节伸直。

停顿
时间：2~3秒

解析注释

● 绿色字体
为主要锻炼
的肌肉
● 黑色字体
为次要锻炼
的肌肉

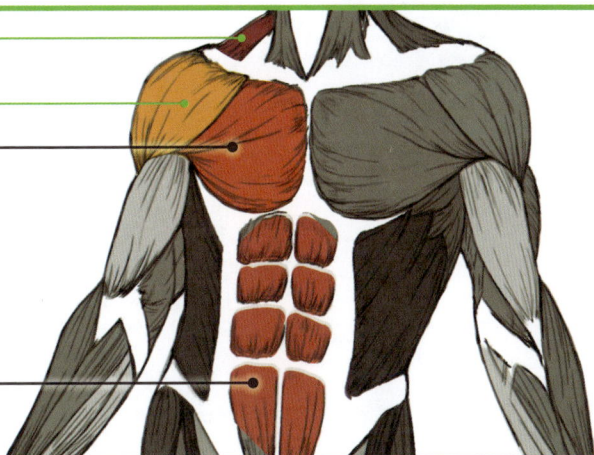

斜方肌
三角肌
胸大肌
腹直肌

各种提踵动作因站法不同，所锻炼的部位也有所差异。脚尖向内扣站法侧重于锻炼腓肠肌的内侧头，普通练法则内外侧都能练到。

提起脚跟时，应感到小腿肌群充分收缩，稍停顿后再缓慢下落至最低限度，使小腿肌得到充分伸展。

58 史密斯机负重提踵 2

锻炼的好处

增强小腿的力量。

训练方法

3~4 组, 10~12 次 / 组。

教练提示

如果脚腕有伤病, 建议不要做此运动。

小腿

正确的运动方法

提踵动作主要是通过腓肠肌的收缩来完成的。提起脚跟时, 应感到小腿肌群充分收缩, 稍停顿后再缓慢下落至最低限度, 使小腿肌肉得到充分伸展。

注意事项

小腿练习时的感觉是非常明显的, 不要被开始时的酸涨感吓倒。

2 抬起杠铃。然后尽可能高地向上提起脚跟, 稍停 3 ~ 4 秒。缓慢还原, 重复练习。动作中注意不要屈膝、屈体, 并控制好重心。

停顿
时间: 2~3 秒

1 站立在史密斯杠铃架下, 杠铃垂于身前, 收腹、紧腰、挺胸, 身体直立, 膝关节伸直。

腹直肌

斜方肌

解析注释

● 绿色字体
为主要锻炼
的肌肉
● 黑色字体
为次要锻炼
的肌肉

比目鱼肌

腓肠肌

各种提踵动作因站法不同，所锻炼的部位也有所差异。脚尖向内扣站法侧重于锻炼腓肠肌的内侧头，普通练法则内外侧都能练到。

53 史密斯机杠铃深蹲

锻炼的好处

增强肩膀和腿部的力量。

肩膀
胸部
腰部
大腿

训练方法

3~4 组，10~12 次 / 组。

教练提示

如果肩部有伤病，建议不要做此运动。

正确的运动方法

改变双脚向前的位置，可以对大腿的各肌肉进行不同程度的锻炼，打造出健美的股四头肌、股二头肌、臀大肌。

注意事项

避免站在史密斯杠铃正下方进行深蹲，否则杠铃重心受力在腰腹的前方，主要落在膝盖上，不仅不利于腰腹发力，还会对膝盖造成冲击伤害。

2 紧腰收腹，人体重心下降，膝盖慢慢弯曲至呈 90 度角或者小于 90 度角时，稍作停顿。

停顿
时间：2~3 秒

1 两脚开立，双脚间离与肩同宽或宽于肩，挺胸，收紧腰腹部，双手握住杠铃放于颈后，可以大胆地将双脚前移，而不用担心失去平衡。

三角肌

胸大肌

腹直肌

股四头肌

解析注释

● 绿色字体
为主要锻炼
的肌肉
● 黑色字体
为次要锻炼
的肌肉

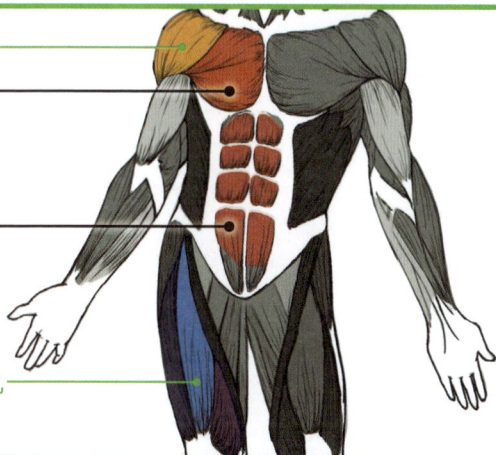

3 集中腿部和臀部肌肉的力量，快速还原到起始位置。注意动作到顶点时，膝关节一定不能锁死。

蹲杠铃在健美练习中有着不可替代的作用，其着重练习的是大腿前部肌肉，同时对大腿后部、小腿、臀部、腰背部均有锻炼效果。

站姿摆腿机左右摆腿

增强腿部的力量。

训练方法

3~4组，10~12次/组。

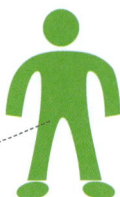

大腿

教练提示

如果腿部有伤病，建议不要做此运动。

正确的运动方法

双手握拳时，保持掌心相对。
运动过程中，双臂向两侧完全伸展。
小腿尽量向内侧用力。

注意事项

抬起小腿时，不要让大腿前后摆动。

站姿摆腿机内侧摆腿，可有效锻炼腿部内侧肌肉，尤其是长收肌、股四头肌，还有小腿上的腓肠肌。

1 直立站在摆腿机前面，双臂向两侧伸展，其中一条腿放到海绵上。

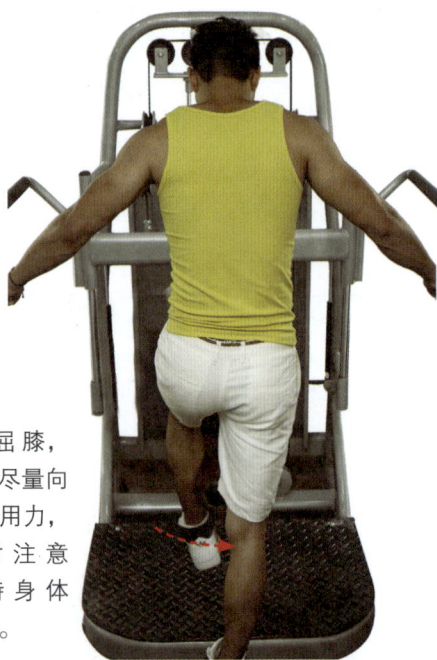

2 屈膝，小腿尽量向内侧用力，同时注意保持身体平衡。

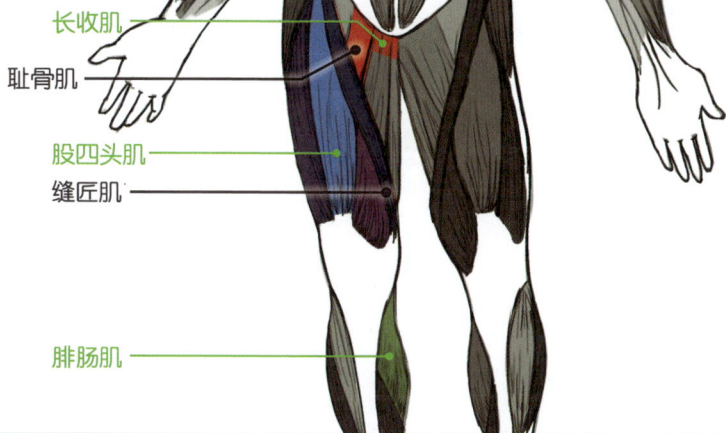

解析注释

● 绿色字体
为主要锻炼
的肌肉
● 黑色字体
为次要锻炼
的肌肉

长收肌

耻骨肌

股四头肌

缝匠肌

腓肠肌

停顿

时间：2~3秒

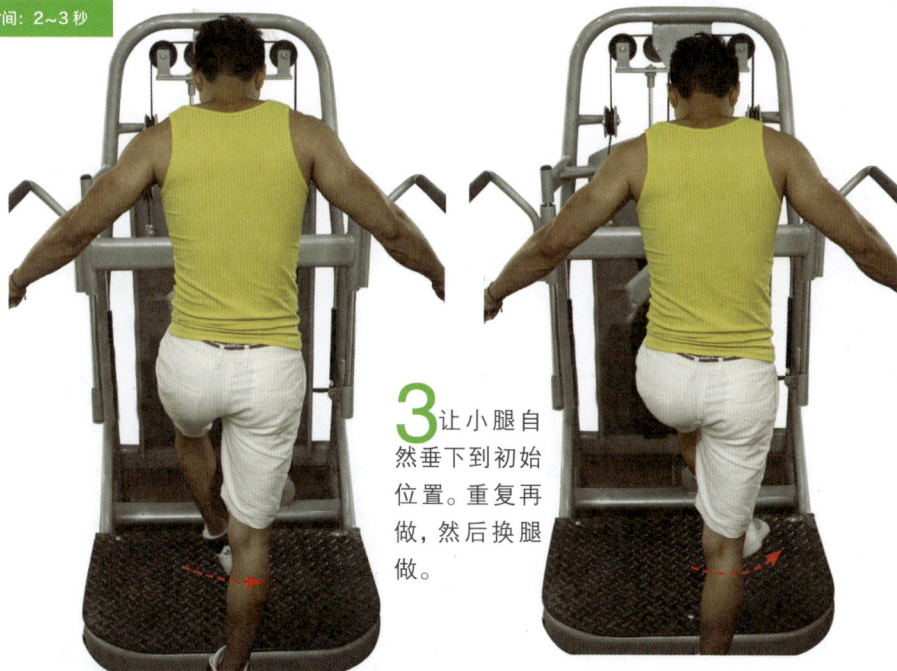

3 让小腿自
然垂下到初始
位置。重复再
做，然后换腿
做。

注意两臂始终处于双侧
伸展状态，保持身体平衡。

61 站姿摆腿机前后摆腿 1

增强腿部的力量。

训练方法

3~4 组, 10~12 次 / 组。

教练提示

如果腿部有伤病, 建议不要做此运动。

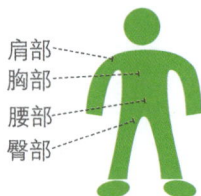

肩部
胸部
腰部
臀部

正确的运动方法

保持臀大肌用力, 抬腿至能达到的极限, 彻底收紧臀大肌约 1 秒, 退让性还原。

注意事项

弯起小腿时, 不要让大腿前后摆动。

2 屈膝, 小腿用力尽量向后弯起, 弯至不能再弯为止。大腿不要来回摆动, 同时注意保持身体平衡。

停顿
时间: 2~3 秒

1 直立站在摆腿机上, 双手握住其中一个握把, 其中一条腿靠在海绵上。身体保持静止。

解析注释

● 绿色字体为主要锻炼的肌肉
● 黑色字体为次要锻炼的肌肉

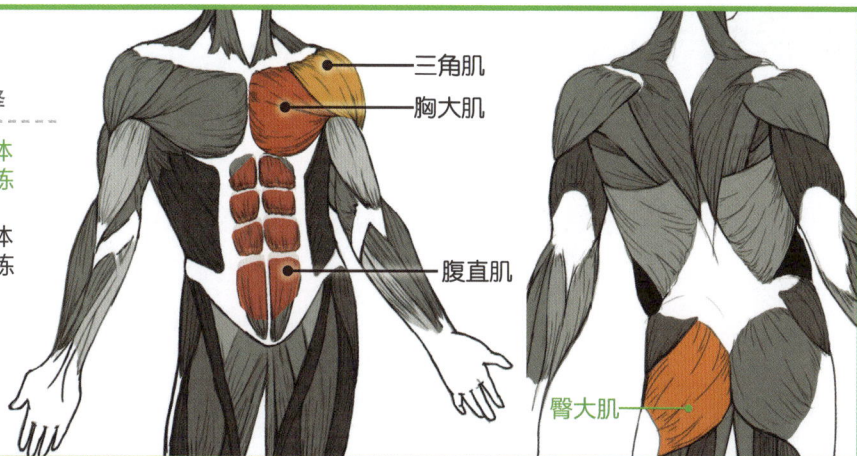

三角肌
胸大肌
腹直肌
臀大肌

注意：弯起小腿时，不要让大腿前后摆动。注意训练强度，以中小强度为主。

3 动作到顶点时稍作停顿，同时尽力收缩臀大肌，让小腿自然垂下到初始位置。重复动作。

62 站姿摆腿机前后摆腿 2

锻炼的好处

增强腿部的力量。

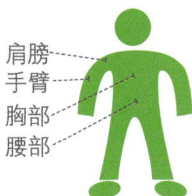

肩膀
手臂
胸部
腰部

训练方法

3~4组，10~12次/组。

教练提示

如果腿部有伤病，建议不要做此运动。

正确的运动方法

保持臀大肌用力，后抬腿至能达到的极限，彻底收紧臀大肌约1秒，退让性还原。

注意事项

弯起小腿时，不要让大腿前后摆动。

2 屈膝，小腿尽力向后上方弯曲，直到不能再向上为止。保持身体平衡，避免大腿摆动。

停顿

时间：2~3秒

1 直立站在摆腿机上，双手握住前方握把，将一条腿靠在海绵上。

解析注释

- 绿色字体为主要锻炼的肌肉
- 黑色字体为次要锻炼的肌肉

三角肌
胸大肌
肱二头肌
腹直肌

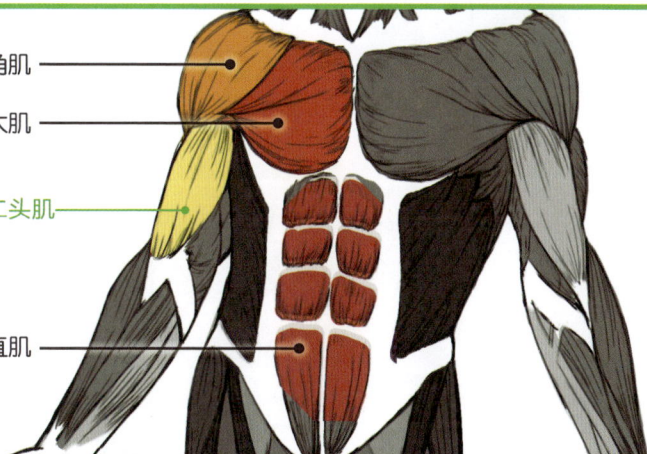

3 动作到顶点时稍作停顿，同时尽力收缩臀大肌，然后让小腿自然垂下到初始位置。重复动作。

注意:弯起小腿时,不要让大腿前后摆动。训练强度以中小强度为主。

63

坐姿水平蹬腿

锻炼的好处

增强腿部的力量。

训练方法

3~4 组, 10~12 次 / 组。

教练提示

如果腿部有伤病, 建议不要做此运动。

臀部------
腿部------

正确的运动方法

动作练习前要将膝关节和髋关节充分活动开。动作过程中时刻保持挺胸、收腹, 上身在用力时不要前倾, 否则会对腰部产生很大压力, 容易造成腰部损伤。

注意事项

当腿部完全蹬直后, 膝盖不要完全伸直, 要让肌肉承担大部分力量, 否则很容易造成膝盖损伤。

1 双脚放到踏板上, 双脚间距略大于髋关节。身体保持正直, 手握到握把上, 保持身体的稳定性, 但不要用力。上背部贴紧座椅靠背, 眼睛平视前方。

2 感觉大腿用力, 大腿前侧、后侧和臀部要同时用力, 将重量蹬起。保持挺胸、收腹, 上身不要前倾, 否则会对腰部产生很大压力。

解析注释

● 绿色字体为主要锻炼的肌肉

● 黑色字体为次要锻炼的肌肉

臀大肌

股四头肌

POINT

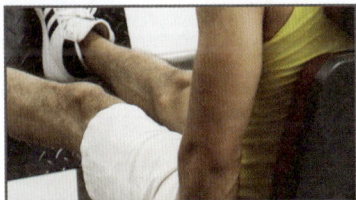

当腿部完全蹬直后，膝盖不要完全锁死，要让肌肉承担大部分力量，否则很容易造成膝盖损伤。

停顿

时间：2~3秒

3 动作到顶点时膝盖稍弯不要锁死，停顿1秒后膝盖弯曲，还原到开始时的姿势。

64 坐姿屈腿器腿屈伸

锻炼的好处

增强腿部的力量。

肩膀
胸部
腹肌
大腿

训练方法

3~4 组，10~12 次 / 组。

教练提示

如果腿部有伤病，建议不要做此运动。

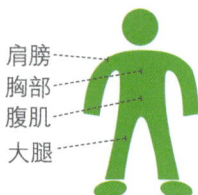

正确的运动方法

　　股四头肌用力收缩时背部不能离开靠板，臀大肌不宜抬起借力，否则会使主动肌受力减少，影像锻炼效果。练习负荷要适当，动作要领要达到标准。

注意事项

　　动作过程中要始终勾起脚尖，否则股四头肌就得不到彻底收缩。

2 膝关节轴心和器械轴心对准，扶好把手，上身挺直，由下向上发力，用力伸小腿举起重量，在最高点时充分收缩股四头肌，稍作停顿。

停顿
时间：2~3 秒

1 坐在腿屈伸机上，腰背靠紧靠板，两手紧握把手，保持身体平衡，两腿屈膝下垂，双脚勾住横杠。

解析注释

● 绿色字体
为主要锻炼
的肌肉
● 黑色字体
为次要锻炼
的肌肉

三角肌
胸大肌
腹直肌
股四头肌

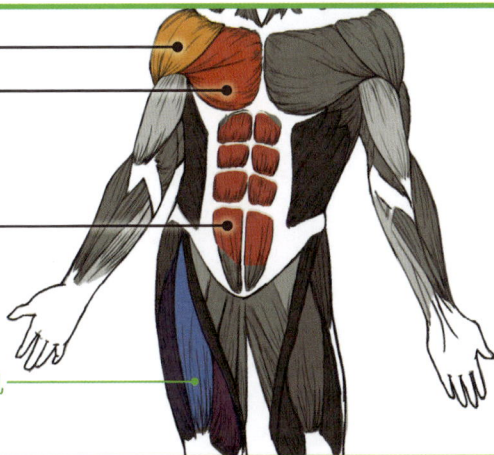

紧紧握住把手，以保持上半身的稳定，把脚固定好。伸腿，有意识地控制大腿肌肉，缓慢还原。

3 控制大腿肌肉慢慢下放，至最低点还原，接着做下次动作。要注意训练的节奏，不要靠惯性发力；也不要弓背，否则容易产生不良身体姿态。

65 悬垂举腿

锻炼的好处

增强腰部的力量。

训练方法

3~4 组，10~12 次/组。

肩膀
胸部
腹肌

教练提示

如果手臂有伤病，建议不要做此运动。

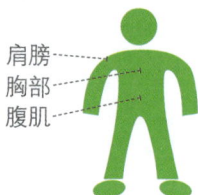

正确的运动方法

保持双腿伸直，收缩腹肌，向上抬起双腿，直到大腿与地面平行，与上身呈 90 度直角。

注意事项

缩起小腿时要尽力把两膝向上提升。

1 背部贴紧后垫，双手紧握扶手。腹部用力，带动髋关节，抬起双腿向前伸直。

2 屈膝，深呼一口气，把小腿尽力向上缩起，到最高点时，彻底收缩腹直肌 1 秒。

停顿
时间：2~3 秒

缩起小腿时要尽力把两膝向上提升。

三角肌

胸大肌

解析注释

● 绿色字体
为主要锻炼
的肌肉
● 黑色字体
为次要锻炼
的肌肉

腹直肌

腹横肌

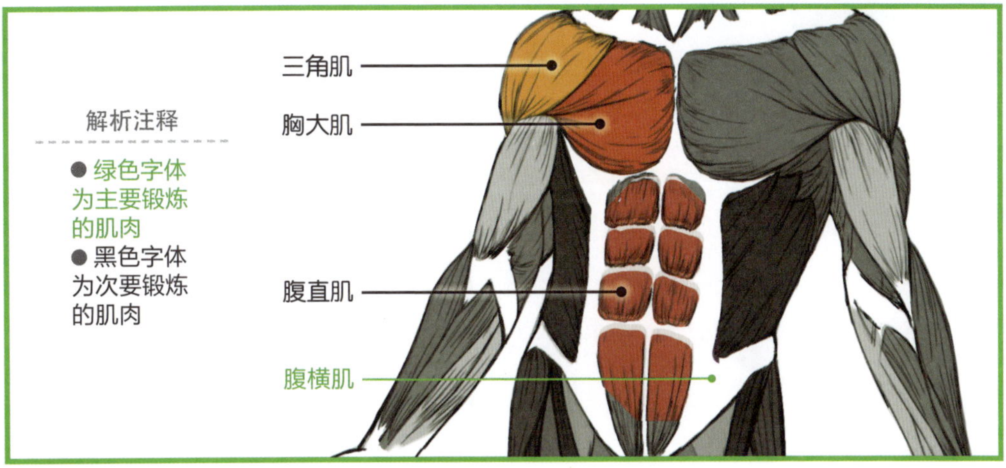

3 然后缓慢下垂小腿，直到完全伸直。
双腿下落还原到起始位置。调整呼吸后，
再进行下一个动作。

克服地心引力做悬垂举腿训
练，需要运用腹肌的力量完成下
半身重量的抬举动作，是训练腹
肌的一个好方法。

悬垂侧举腿

66

锻炼的好处

增强腰部的力量。

训练方法

3~4 组，10~12 次 / 组。

教练提示

如果手臂有伤病，建议不要做此运动。

肩膀
胸部
腹肌

正确的运动方法

保持双腿伸直，收缩腹肌，向上抬起双腿，直到大腿与地面平行，与上身呈 90 度直角。

注意事项

缩起小腿时要尽力把两膝向上提升。

2 腹肌发力上抬腿部与身体垂直，向左屈腿上抬。缩起小腿时要尽力把两膝向上提升，到最高点时，停留 3 秒。

停顿
时间：2~3 秒

1 背部贴紧后垫，双手正握扶手，身体保持直立自然下垂状态。

解析注释

- 绿色字体为主要锻炼的肌肉
- 黑色字体为次要锻炼的肌肉

三角肌
胸大肌
腹外斜肌
腹直肌

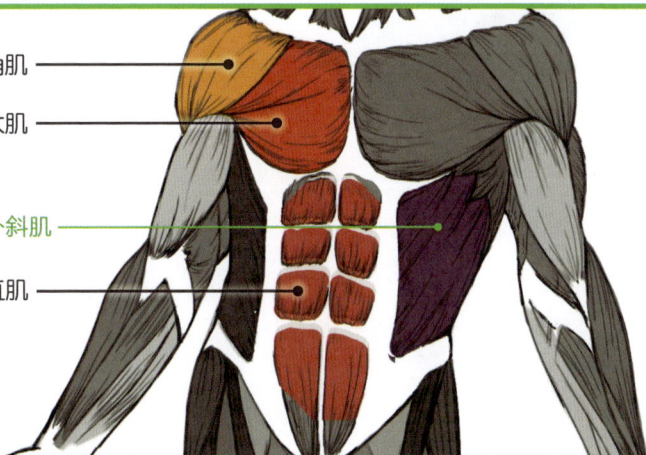

克服地心引力做卷腹举腿训练，需要运用腹肌的力量完成下半身重量的抬举动作，是训练腹肌的一个好方法。

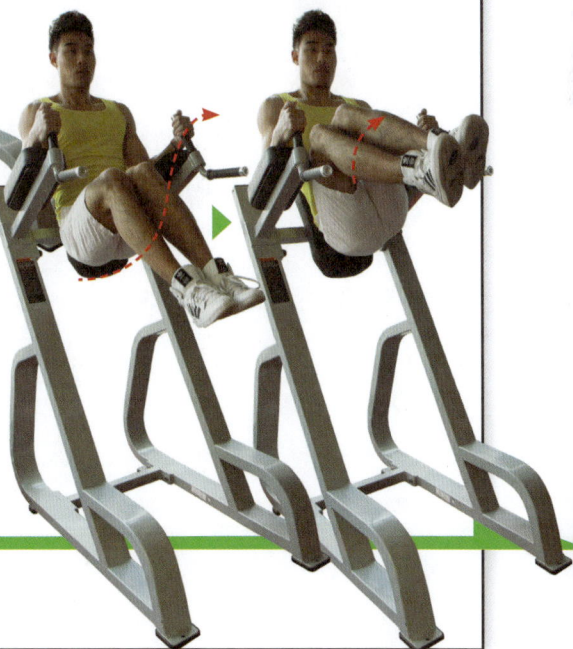

3 然后缓慢放下，再向右边曲腿上抬，运动过程中转换屈腿上抬的方向（左边或右边）可以全面刺激腹部肌肉。

62

悬垂屈膝腿上举

锻炼的好处

增强腰部的力量。

训练方法

3~4 组，10~12 次 / 组。

教练提示

如果手臂有伤病，建议不要做此运动。

肩膀
胸部
腰部

正确的运动方法

保持双腿伸直，收缩腹肌，向上抬起双腿，直到大腿与地面平行，与上身呈 90 度直角。

注意事项

缩起小腿时要尽力把两膝向上提升。

2 集中注意力在腹部，用腹肌发力抬腿，最后使腿部与身体垂直，到最高点时，停留 3 秒。同时手臂保持静止。

停顿
时间：2~3 秒

1 背部贴紧后垫，双手正握扶手,身体直立自然下垂。

解析注释

● 绿色字体
为主要锻炼
的肌肉
● 黑色字体
为次要锻炼
的肌肉

三角肌

胸大肌

腹直肌

腹横肌

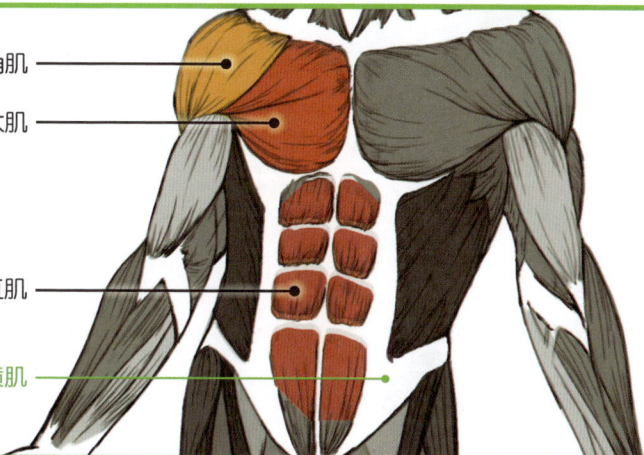

3 用腹肌控制力量,使两腿慢慢放下,回到起始位置。再进行下一次锻炼。

克服地心引力做卷腹举腿训练,需要运用腹肌的力量完成下半身重量的抬举动作,是训练腹肌的一个好方法。

68 阶梯提踵（脚踝）

锻炼的好处

增强小腿的力量。

训练方法

3~4 组，10~12 次/组。

教练提示

如果脚腕有伤病，建议不要做此运动。

肩膀
胸部
腹肌
小腿

正确的运动方法

注意事项

小腿练习时的感觉是非常明显的，不要被开始时的酸涨感吓倒。

2 尽可能地将小腿向下拉伸。停顿 2~3 秒后，向上提踵。

锻炼小腿的重点要放在重复次数上，要多坚持直到不能起来为止，这样才会达到锻炼的效果。

停顿
时间：2~3 秒

1 站在史密斯机上，双手间距宽于肩，掌心朝前握杠，杠铃置于肩后，收腹、紧腰、挺胸，身体直立，膝关节伸直。

解析注释

● 绿色字体
为主要锻炼
的肌肉
● 黑色字体
为次要锻炼
的肌肉

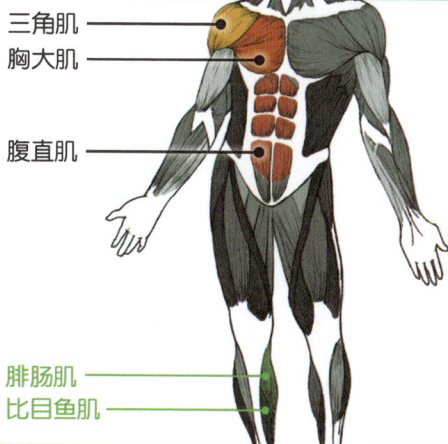

三角肌
胸大肌
腹直肌
腓肠肌
比目鱼肌

注意完成动作时不要屈膝、屈体；控制重心不要有
意前移，可在前脚掌下垫一块铃片防止重心前移。另外，
动作一定要标准，这样对小腿的刺激才会更加明显。

3 尽可能高地向上提起脚
跟，缓慢还原，重复练习。

俯卧小腿屈伸

锻炼的好处

手臂
臀部
小腿

增强小腿的力量。

训练方法

3~4 组，10~2 次 / 组。

教练提示

如果肩部有伤病，建议不要做此运动。

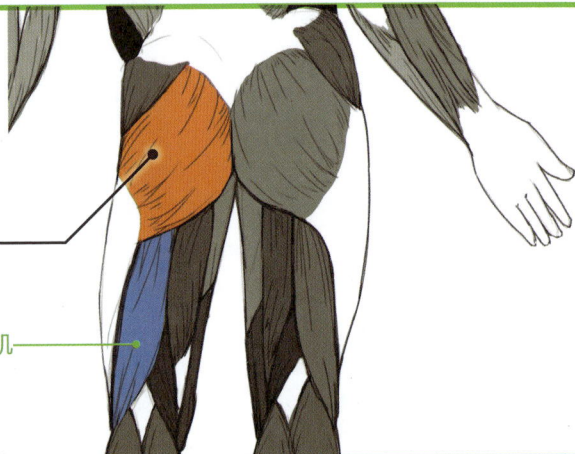

解析注释

- 绿色字体为主要锻炼的肌肉
- 黑色字体为次要锻炼的肌肉

臀大肌

股二头肌

1 俯卧在专用长凳上，两脚踝伸勾在辊轴下面，辊轴另一面加上所需重量的杠铃片。

2 屈膝，小腿向后弯起，到最高点时尽力收缩股二头肌。停顿 1 秒，将小腿伸直还原到初始位置。重复动作。

3 弯起小腿时，大腿平贴凳面。

70 动感单车 1 握把

锻炼的好处

增强腿部的力量。

腰部
大腿

训练方法

3~4 组，10~12 次 / 组。

教练提示

如果肩部有伤病，建议不要做此运动。

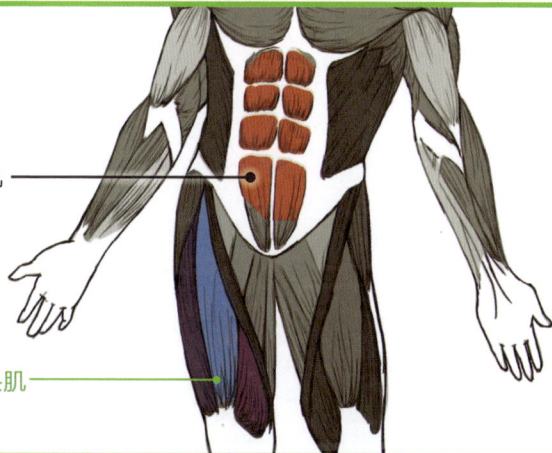

解析注释

● 绿色字体
为主要锻炼
的肌肉
● 黑色字体
为次要锻炼
的肌肉

腹直肌

股四头肌

1 握把不要太高，虽然握得高身体重心前倾
会比较舒服，但在上半身锻炼时，会导致重量
由腹肌转移到握把上，而不能锻炼到腹肌，反
而会引起颈椎、肩部、手肘、手腕的不适。

2 握把不要太靠前。虽然
靠前会觉得骑起来舒服，但
是长时间骑行下来，上半身
的肌肉群，包括手腕，都会过
度拉伸，容易产生疲劳，不利
于长时间骑行。

71 动感单车 2 直立

锻炼的好处

增强腿部的力量。

训练方法

3~4 组，10~12 次 / 组。

臀部
大腿
小腿

教练提示

如果腿脚有伤病，建议不要做此运动。

正确的运动方法

骑车时脚趾不能朝下，否则会造成骨结节发炎和脚部麻木。

踩踏时双脚应与地面平行，脚掌放在脚踏板的正中位置。

注意事项

在坐姿的时候使用握姿可能造成髋关节和脊椎的过度弯曲，从而产生腰部疼痛。

2 初级入门者可以选择 2~3 级的强度慢慢开始踩踏板，然后可以渐渐加大踩踏强度。

1 坐在动感单车上，调整座椅的高度。高度以腿部向下踩踏板时膝盖不完全展开为宜。

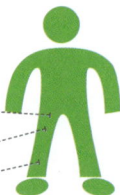

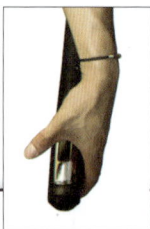

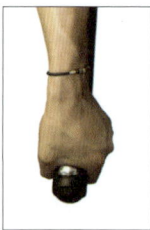

解析注释

● 绿色字体为主要锻炼的肌肉

● 黑色字体为次要锻炼的肌肉

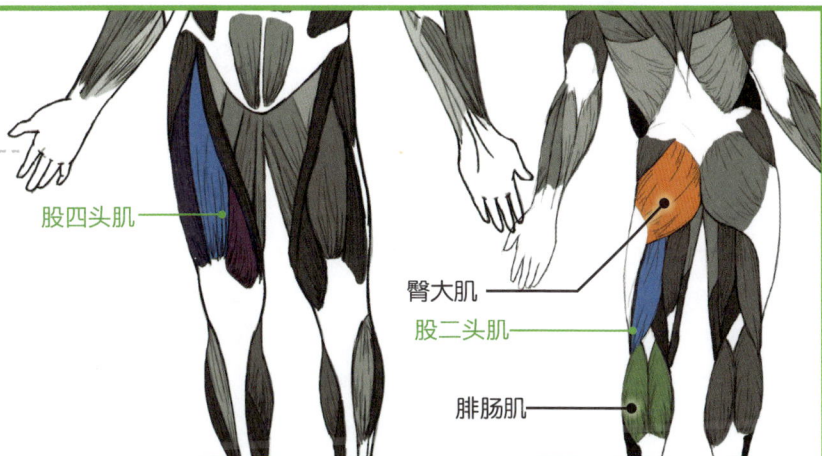

股四头肌

臀大肌

股二头肌

腓肠肌

POINT

注意双腿要拉开距离。

加强水分补充。动感单车会使人大量出汗，运动过程中要随时注意水分的补充。

3 为防止脚踝和膝关节受伤，强化锻炼效果，应该采用适当的阻力指数。大腿是动感单车运动的中心，双腿要展开，还要特别注意以防拉伤。

72 动感单车 3 上握、中握

锻炼的好处

增强腿部的力量。

训练方法

3~4 组，10~12 次 / 组。

教练提示

如果腿脚有伤病，建议不要做此运动。

臀部
大腿
小腿

正确的运动方法

由于单车的正轮是圆的，正确的骑车技巧是用脚蹬整圈。

踩踏时双脚应与地面平行，脚掌放在脚踏板的正中位置。

注意事项

正确的单车设置非常重要，车座位置过低会造成膝部酸痛和其他损伤。

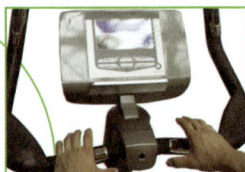

中握

1 坐在动感单车上，调整座椅的高度，合适的高度为：以腿部向下踩踏板时膝盖不完全展开为宜。

解析注释

● 绿色字体
为主要锻炼
的肌肉
● 黑色字体
为次要锻炼
的肌肉

股四头肌

臀大肌

股二头肌

腓肠肌

2 初级入门者可以选择 2~3 的强度慢慢开始踩踏板，然后可以渐渐加大踩踏强度，并采用适当的阻力指数。骑行时双腿要展开，注意别拉伤。

POINT

踩踏时双脚应与地面平行，脚掌放在脚踏板的正中位置。

73 登山机 1 窄握半蹲身体

锻炼的好处

有效锻炼腿部和臀部的肌肉。

训练方法

3~4 组，10~12 次 / 组。

教练提示

如果腿脚有伤病，建议不要做此运动。

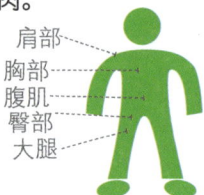

肩部
胸部
腹肌
臀部
大腿

正确的运动方法

运动时全程保持脚掌接触踏板。

身体不要左右倾斜，肩部放松，步长最好相等。

注意事项

使用前做热身运动，让身体活跃起来。

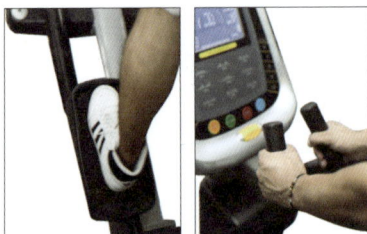

2 双手轻握器械把手，能保持身体平衡即可。如果将身体重心过分放在器械扶手上，会使训练强度降低。

1 保持身体竖直，体态正中，身体呈半蹲状态，挺胸抬头，目视前方。屈肘轻扶正前方把手上部，身体保持平衡，稍微前倾。

解析注释

- 绿色字体为主要锻炼的肌肉
- 黑色字体为次要锻炼的肌肉

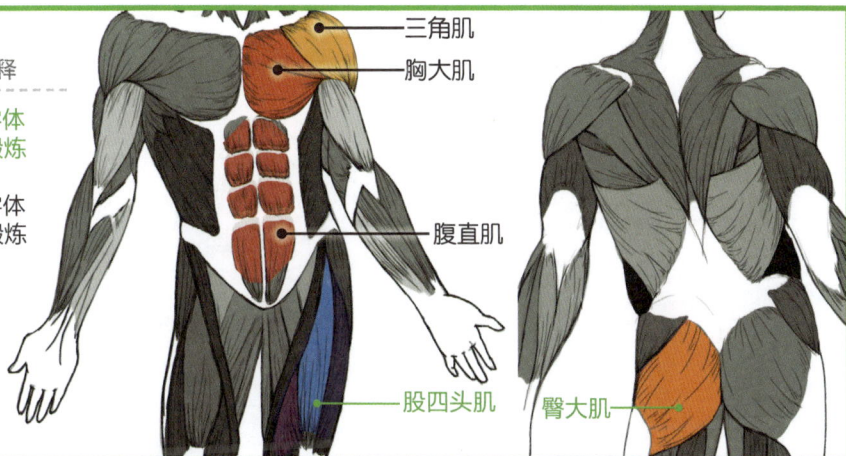

三角肌
胸大肌
腹直肌
股四头肌
臀大肌

登山机是一种模拟登山运动的健身器，又被称为台阶机。利用登山器模拟登山运动是一种价值很高的全身性有氧代谢运动方式。它带有一定坡度，可有效提高训练强度和效果。

3 在整个练习过程中都应该保持全脚掌接触踏板。保持步长均匀，双肩放松，不要让身子左右倾斜。

74 登山机 2 窄握直立身体

锻炼的好处

有效锻炼腿部和臀部的肌肉。

训练方法

3~4 组，10~12 次 / 组。

教练提示

如果腿脚有伤病，建议不要做此运动。

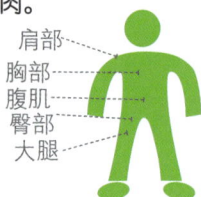

肩部
胸部
腹肌
臀部
大腿

正确的运动方法

运动时全程保持脚掌接触踏板。步长要均匀。

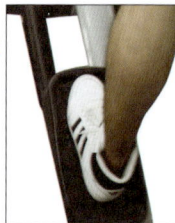

注意事项

使用前做热身运动，让身体活跃起来。

1 屈肘轻扶正前方把手上部，身体站立并稍微前倾，保持平衡，与平时我们登台阶、登山和爬楼梯的动作一样。

解析注释

● 绿色字体为主要锻炼的肌肉
● 黑色字体为次要锻炼的肌肉

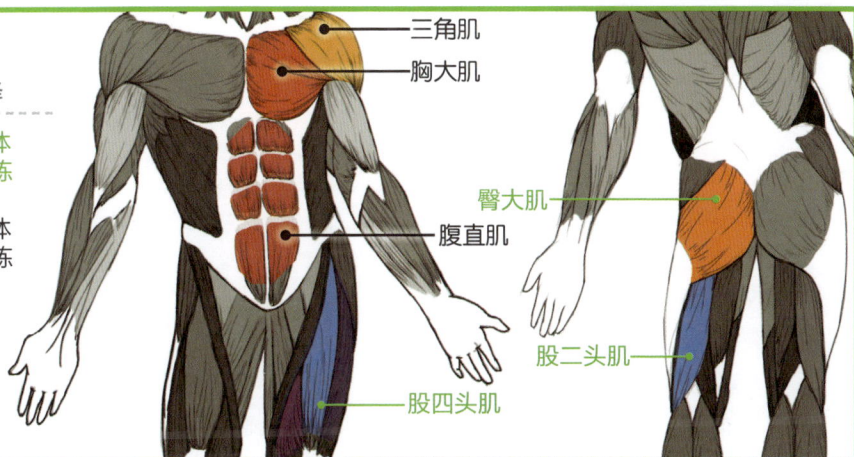

三角肌
胸大肌
腹直肌
股四头肌
臀大肌
股二头肌

2 膝关节保持微屈，骨盆不要左右摆动，不要只是前脚掌发力。步长大小保持一致。

锻炼时左右阻力应保持一致；在进行锻炼时双脚不要离开脚踏板；膝关节不要伸得太直。

75 登山机 3 横握、宽握

锻炼的好处

有效锻炼腿部和臀部的肌肉。

训练方法

3~4 组，10~12 次 / 组。

教练提示

如果腿脚有伤病，建议不要做此运动。

肩部
胸部
腹肌
臀部
大腿

正确的运动方法

运动时全程保持脚掌接触踏板。
身体不要左右倾斜，肩部放松，步长最好相等。

注意事项

使用前做热身运动，让身体活跃起来。

2 膝关节保持微屈，骨盆不要左右摆动，不要只是前脚掌发力。步长大小保持一致。

1 屈肘轻扶正前方把手上部，身体站立并稍微前倾，保持平衡，与平时我们登台阶、登山和爬楼梯的动作一样。

解析注释

● 绿色字体为主要锻炼的肌肉
● 黑色字体为次要锻炼的肌肉

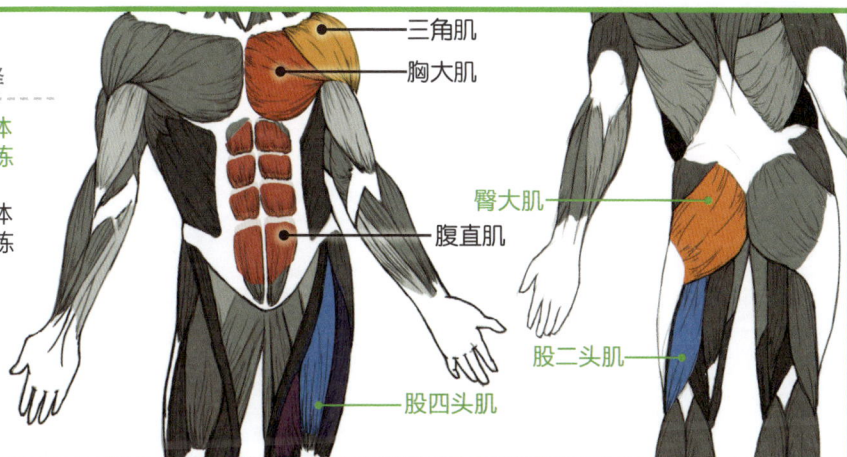

三角肌
胸大肌
腹直肌
臀大肌
股二头肌
股四头肌

3 掌握好踏步的节奏，调节好阻力，否则会增加下背部的压力，造成肌肉损伤。锻炼时左右阻力应保持一致，双脚不要离开脚踏板。

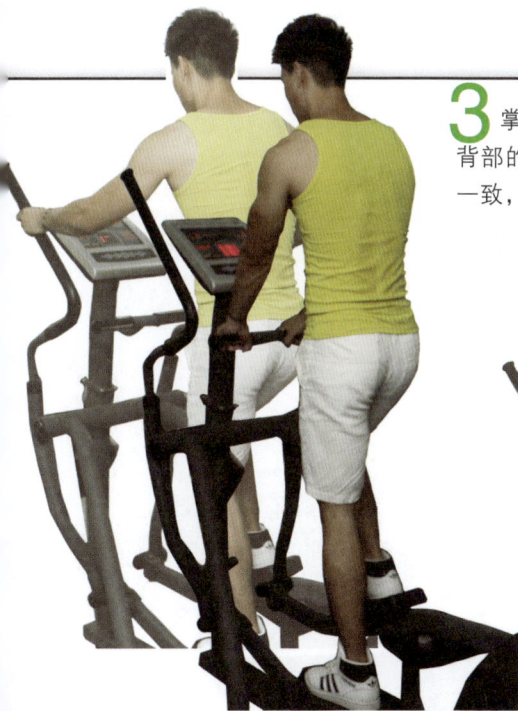

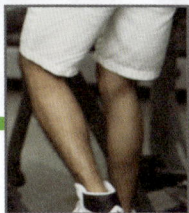

膝关节不要伸得太直

76 跑步机

锻炼的好处

增强心肺功能。

训练方法

3~4 组，10~12 次 / 组。

心肺 ------
腹直肌 ------
大腿 ------

教练提示

如果腿脚有伤病，建议不要做此运动。

正确的运动方法

当脚触到跑步板的时候，保持膝关节微屈。

注意事项

切记不要将身体过分挺直，否则会对跑步者的膝关节造成损害。

1 跑步时头部自然摆放，双肩与身体保持一定紧张，腰部保持自然直立,但不宜过于挺直。

2 跑步的过程中，腿不要抬得过高，保持膝关节微屈，两臂尽量放松。

心肺功能

解析注释

● 绿色字体
为主要锻炼
的肌肉
● 黑色字体
为次要锻炼
的肌肉

腹直肌

大腿

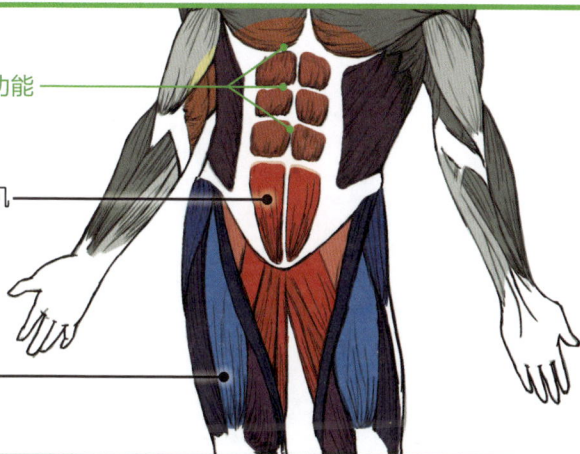

3 脚后跟先落到跑步机的跑步板上，然后从脚后跟滚到脚掌上，以缓冲脚着地时受到的冲击。

电动跑步机是健身房及家庭中较高档的器材，它通过电机带动跑带使人以不同的速度被动地跑步或走动。

拉伸运动

在使用器械健身时需要让我们的身体预热起来，因此，在健身前，我们要进行多个部位的拉伸运动。

拉伸大腿内侧、腰部、肩膀、全身

主要锻炼部位	全身各个部位

锻炼次数	2 次 /15 秒

训练方法

1. 双脚分开略比肩宽，弯曲膝盖采取马步的姿势。双手放在膝盖上方，脚尖朝向外侧。

2. 将右臂垂直向外打开，同时右侧肩膀朝大腿内侧压下，利用手臂上承受的体重将大腿内侧朝外侧推开。这样上身会转向左侧，颈部和视线也向着左边。换个方向重复以上动作。

拉伸小腿

主要锻炼部位	小腿

锻炼次数	2 次 /15 秒

训练方法

1. 单腿向前跨一步并弯曲膝盖，保持前马步姿态，使你的头部和身体呈直线状态，双手置于前面的腿部膝盖上方。

2. 在前腿进行曲膝动作时，将后腿用力伸展开。此时尽量不要让后腿的脚跟离开地面。然后换一条腿再重复以上动作。

大腿内侧拉伸

主要锻炼部位	大腿内侧
锻炼次数	10~12 次 / 组

动作要点

可借助栏杆状物体做辅助。将需要拉伸的腿脚平搁在辅助物上，膝盖尽量保持平直。上身前倾靠近腿部，手可以拉住栏杆辅助用力。保持几个呼吸节拍后可加大上身前倾度，前倾用力时吐气，直到当时的最大承受度。支撑腿始终保持放松。

被拉伸的大腿后侧应有酸胀感。拉伸动作保持 15 秒以上，交换双腿练习。

拉伸小腿、大腿后侧

主要锻炼部位	小腿、大腿后侧
锻炼次数	2 次 /15 秒

动作要点

1. 直立，双脚分开与肩同宽。左脚向前迈一步，用左手的手指抓住脚前脚掌。

2. 臀部用力向后推，左手抓住左脚掌向身体方向拉。右手放在右膝盖上方，膝盖尽量不要弯曲。

大腿前侧拉伸

主要锻炼部位	大腿前侧
锻炼次数	10~12次／组

动作要点

　　身体向右前方站直，左腿向后上方弯曲，同时左手握住弯曲处的踝关节，右腿直立，膝关节尽量保持平直不动，感觉大腿前部的拉伸，注意保持平衡，更充分地拉伸大腿前侧。

小腿拉伸

主要锻炼部位	小腿
锻炼次数	10~12次／组

动作要点

　　身体面向墙壁直立，双手上前扶住墙面，左脚上前用脚尖顶住墙面，右脚站立不变，身体前倾，双手抵住墙体，腿部用力带动脚尖向前顶，左脚脚后跟着地，加强脚尖拉伸。

脚趾拉伸

主要锻炼部位	脚趾
锻炼次数	10~12 次 / 组

动作要点

　　身体面向右前方，双膝跪地，脚尖着地，大腿与小腿贴紧，双手抓住脚后跟。上身稍向前倾，双手由脚跟移动至身体两侧，放于大腿根部。臀部坐于脚后跟上，身体重心下沉，脚尖受力。重复动作，充分进行脚尖拉伸。

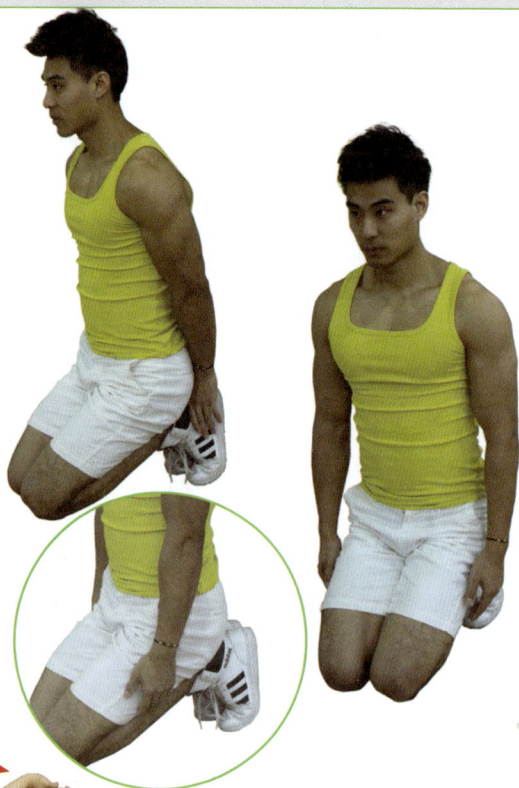

体侧伸展

主要锻炼部位	背部、腰部
锻炼次数	2 次 /15 秒

动作要点

　　1. 双脚分开略宽于肩，双手交叉相握，掌心向上，双臂靠近头部两侧，将身体向上延伸，在顶部停顿 3~5 秒。
　　2. 双臂伸直，身体向侧面倾斜，至背部和腰部有拉伸感时，停顿 5~10 秒。可重复 2~3 次。

胸、肩、背、肘拉伸

主要锻炼部位	双手手腕
锻炼次数	10~12 次 / 组

动作要点

双臂水平放在身前，两手微握拳，慢慢地向上移放至头的后面，两拳贴上，缓缓地越过头部向下移至腰间。

腰部及腿部韧带拉伸

主要锻炼部位	腰部
锻炼次数	10~12 次 / 组

动作要点

准备动作时，两腿分开，双臂交叉平放于胸前。

利用腰部力量，上身慢慢地向下弯，弯到最大限度时，回到起始位置，运动过程中腿部不能弯曲。整个过程要量力而行，不要用力过度。

伸展臀部、大腿内侧

主要锻炼部位	臀部、大腿内侧
锻炼次数	10~12 次 / 组

动作要点

右手掌支撑在地面上，左臂置于大腿内侧并用左手抓住脚踝内侧，用抓住脚踝的左臂将左腿向外侧用力推开。换一条腿重复以上动作。

拉伸大腿前侧

主要锻炼部位	大腿前侧
锻炼次数	10~12 次 / 组

动作要点

站直，保持腰部挺直，将一条腿向身后弯曲，脚跟朝向臀部，将同侧的手向后伸展并抓住脚背，将这条腿的膝盖慢慢向后拉开进行舒展。此时另一条胳膊要用力向体侧伸展，同时与地面保持水平。

4
PART

制订好适合自己的计划，再实施

有计划地健身

每个人的身体情况不同，健身的目的也不同，因此，在开始运动之前，一定先制订好适合自己的计划。

有目标，才能全力奔跑。

女性减脂塑形计划

女性减脂塑形计划的主要目的：

    1. 全面提高身体各个部位的基础力量；

    2. 让身体适应运动的节奏；

    3. 提高身体的平衡协调性及柔韧性；

    4. 达到减脂塑形的目的。

有氧训练 40 分钟（登山机、跑步机、动感单车）

星期一	星期二	星期三	星期四	星期五
坐姿卧推 (P088)	跑步机 (P184)	登山机 (P178)	跑步机 (P184)	动感单车 (P173)
下斜平凳收腹 (P142)	坐姿屈腿 (P162)	史密斯机卧推 (P060)	引体向上 (P064)	斜托臂杠铃弯举 (P128)
拉力器飞鸟 (P044)	史密斯机 杠铃深蹲 (P152)	史密斯机 上斜卧推 (P058)	宽握坐姿 下拉背 (P112)	蝴蝶机夹胸 (P038)
下斜仰卧抬腿 (P140)	史密斯机 直腿硬拉 (P124)	俯卧小腿屈伸 (P172)	站姿双臂侧下 拉夹胸 (P082)	坐姿划船 (P086)

以上每个动作 3~4 组，每组 15~20 次

偏瘦男性增肌计划

1. 跑台慢跑热身 10 分钟；

2. 伸展器伸展；

3. 器械练习。

星期一	星期二	星期三	星期四	星期五
史密斯机杠铃深蹲 (P152)	史密斯卧推 (P060)	宽握引体向上 (P076)	拉力器坐姿弯举 (P104)	斜托臂杠铃弯举 (P128)
坐姿水平蹬腿 (P160)	史密斯机直腿硬拉 (P124)	坐姿杠铃颈后推举 (P110)	斜托臂杠铃弯举 (P128)	坐姿肩上推举 (P114)
坐姿腿屈伸 (P162)	拉力器飞鸟 (P044)	拉力器颈前下拉 (P048)	俯卧小腿屈伸 (P172)	平板卧推 (P052)
俯卧小腿屈伸 (P172)	蝴蝶机夹胸 (P038)	坐姿划船 (P086)	拉力器背后臂屈伸 (P146)	阶梯提踵 (P170)
	坐姿飞鸟 (P084)	拉力器飞鸟 (P044)	绳索下拉 (P098)	下斜平凳收腹 (P142)
	史密斯机单臂划船 (P056)		拉力器颈后下拉 (P046)	
			拉力器单臂反握下拉 (P106)	

以上每个动作 3~4 组，每组 8~12 次或 8~15 次

偏胖男性减脂计划

1. 跑台慢跑热身 10 分钟；
2. 伸展器伸展；
3. 器械练习。

星期一	星期二	星期三	星期四	星期五
拉力器飞鸟 (P044)	坐姿肩上推举 (P114)	史密斯机 杠铃深蹲 (P152)	史密斯机 负重提踵 (P148)	斜托臂杠 铃弯举 (P128)
坐姿卧推 (P088)	史密斯机 直腿硬拉 (P124)	拉力器飞鸟 (P044)	史密斯机 单臂划船 (P056)	拉力器下压 (P102)
拉力器颈后下 拉 (P046)	弹力绳俯 身臂屈伸 (P120)	大腿前侧拉伸 (P189)	坐姿飞鸟 (P084)	俯卧小腿屈伸 (P172)
坐姿划船 (P086)	斜托臂杠 铃弯举 (P128)	罗马椅挺身 (P134)	蝴蝶机夹胸 (P038)	拉力器坐 姿弯举 (P104)
下斜仰卧抬腿 (P140)	拉力器下压 (P102)	下斜板仰 卧起坐 (P138)	拉力器反 握下拉 (P042)	罗马椅挺身 (P134)
杠铃片体侧屈 (P126)	坐姿杠铃 颈后推举 (P110)	下斜平凳收腹 (P142)	俯卧小腿屈伸 (P172)	下斜板仰 卧起坐 (P138)

以上每个动作 4~6 组，每组 8~20 次

不能只锻炼，营养也要跟得上

适时营养补给

无论是哪种目的的健身，只有在合适的时间进行合适的营养补充，才能让健身效果更为明显。

有营养地吃东西，也能有好身材。

营养物质大全

六大营养素介绍

种类	作用	来源	摄取量
碳水化合物	人体热量的主要来源。在人体内消化后，主要以葡萄糖的形式被吸收	蔬菜、水果和谷物等	摄取量应占全天总热量的50%~60%
蛋白质	构成肌肉的主要成分，主要由不同的氨基酸组成	肉、蛋、奶等	蛋白质每天摄入量为1.2~1.6克/公斤体重
脂肪	对人体有着多种作用，是重要的能量储备物质。在肌肉训练时可以摄取一定的脂肪，以提高训练效果。	动物性脂肪有：肉类、鱼肝油、骨髓、蛋黄等。植物性食物有：大豆、花生、油菜籽、葵瓜子、核桃仁等	训练时，要严格限制摄入脂肪的数量
水	人体必不可少的营养素。水占人体总重量的60%~70%，水占肌肉重量的72%左右	日常摄取	正常人以每天饮用1.5升水为佳，肌肉训练者需适度增加摄取量
维生素	人体一但缺乏维生素，代谢反应和能量输出就会出现相应的问题，从而导致免疫力下降	水果、蔬菜	保持维生素全面摄取，不挑食、不厌食
矿物质	人体内有50多种矿物质，可分为常量元素和微量元素两大类	主要存在于各种蔬菜和水果中	在正常饮食中摄取即可

训练初期，一周训练三次够吗？

在训练初期，每周最少做两次力量训练，只有这样才能达到初期的训练效果，而肌肉训练每周最好不要超过三次。肌肉训练是全身性的运动，主要目的在于集中训练主要的肌肉群。如果做两天的力量训练，那么最好休息一整天，在休息的那天我们可以选择做有氧运动来强化运动的效果。

如何才能快速减轻体重？节食可行吗？

过分节食对健康是有害的，主要是因为节食会使人体的新陈代谢放慢，反而会增加食欲。只有合理的锻炼才能有效地加快新陈代谢，抑制食欲，保护肌肉组织。只有通过锻炼的减肥才能减掉脂肪。所以要想快速地减轻体重，除了合理的饮食外，勤加锻炼也是必不可少的。

每天锻炼和每周锻炼几次，效果有什么不同？

其实锻炼的效果是可以积累的，所以只要是坚持锻炼，无论一周几次，对我们的健康水平、体重和肌肉群都是有好处的。

长期、缓慢的运动有利于燃烧脂肪吗？

一般来讲，低强度的有氧运动燃烧的脂肪比糖类多。针对减肥来言，无论是时间短、强度大的运动，还是周期长、强度低的运动，效果都是一样的。

已经瘦下来了，还需要通过肌肉训练去脂吗？

瘦身成功，不代表肌肉就是健康的。通过肌肉训练可以有效地帮助我们塑造身形，强壮体魄，还可以促进新陈代谢，使我们更加有精力、有活力。所以即使体重降下来了，也要坚持训练一段时间来巩固效果。

运动后我感到非常疲惫，这样正常吗？

如果在用杠铃进行锻炼时感到疲惫，那么证明你的杠铃太重了，应该更换轻一点的杠铃。如果有氧运动后感到疲惫，那么可以通过减轻腿部运动的幅度来缓解疲惫。如果运动期间感到疲惫，那么最好停止运动做原地踏步来缓解。

有氧运动是最有效的减肥运动吗？

有氧力量训练是最有效的减肥运动。有氧运动能有效燃烧卡路里，减少全身脂肪的含量，而肌肉训练可以在减掉脂肪的同时美化肌肉群。平均每斤肌肉每天可以消耗 50 卡路里的热量，所以肌肉的增多意味着燃烧的卡路里更多。

举重练习，会使女性看上去很男性化吗？

举重练习不会使女性的肌肉太发达，反而越练习越会显得肌肉紧实。举重练习会使女性小腹更加扁平，手臂更加匀称，双腿紧实。肌肉的形成主要取决于雄性激素的分泌量，而女性雄性激素的分泌量仅是男性的十分之一而已。